AF364110

JEAN DELÈVES

THÉATRE NOUVEAU

POUR

LES PETITS ET LES GRANDS

TROIS COMÉDIES POUR MARIONNETTES

PARIS

LIBRAIRIE THEATRALE

3, RUE DE MARIVAUX, 3

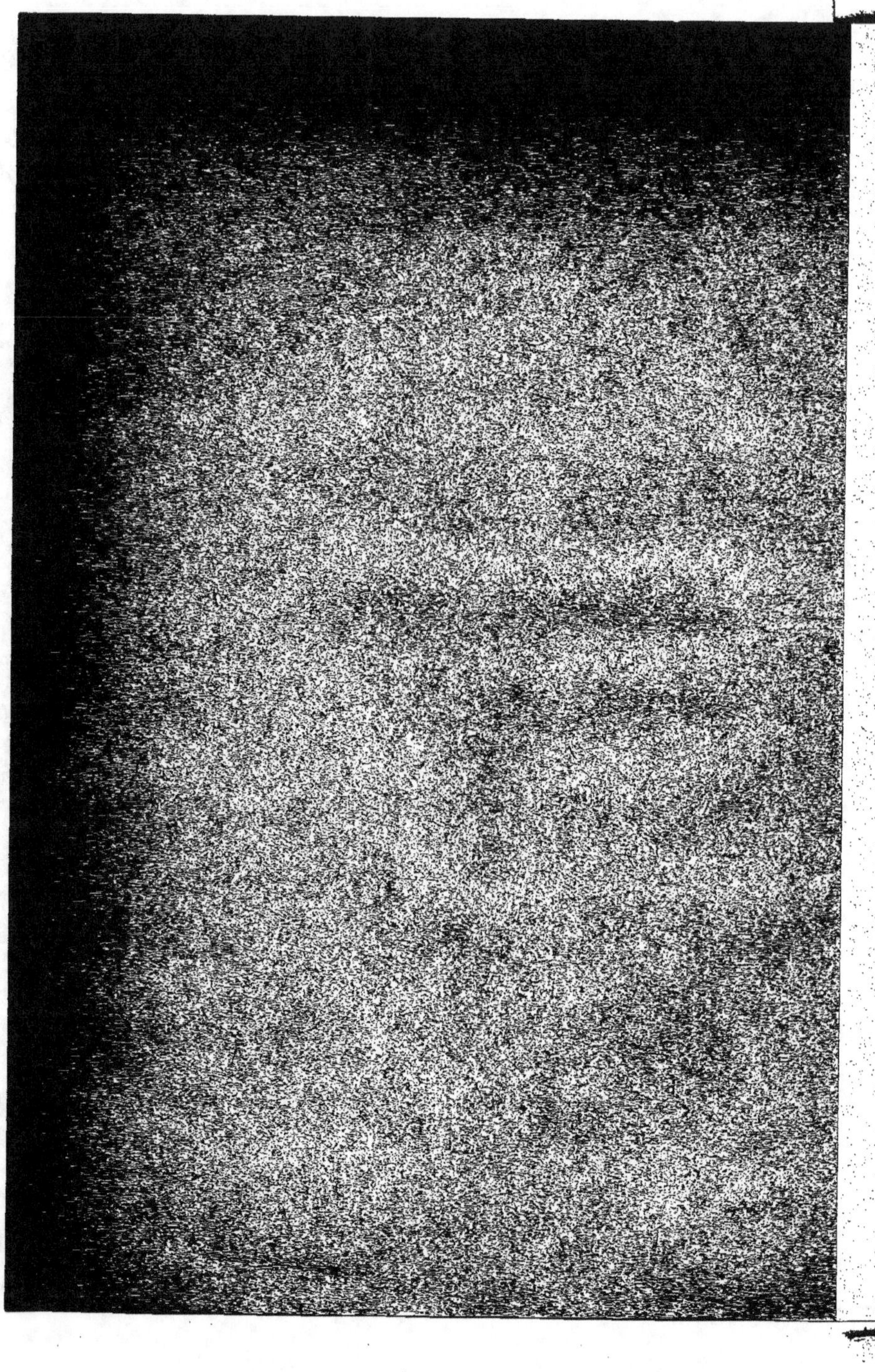

THÉATRE NOUVEAU
POUR LES PETITS ET LES GRANDS

TROIS COMÉDIES POUR MARIONNETTES

JEAN DELÈVES

THÉATRE NOUVEAU

POUR

LES PETITS ET LES GRANDS

TROIS COMÉDIES POUR MARIONNETTES

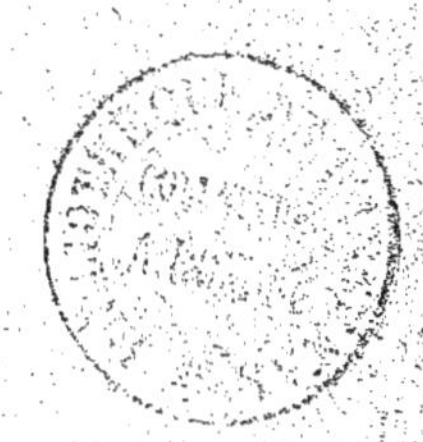

PARIS

LIBRAIRIE THEATRALE

3, RUE DE MARIVAUX, 3

PRÉFACE

Les trois comédies que nous présentons au Public procèdent du théâtre de Guignol : elles en ont conservé le personnage principal traditionnel, fait de malice et de gaîté, rusé, gouailleur, animateur et centre d'intérêt dans les folles aventures qu'il fait naître ou auxquelles il se trouve mêlé. Elles en procèdent encore par certains effets de scène, particuliers au théâtre lyonnais, qui se sont imposés à nous à cause du comique certain qui s'en dégage.

Mais il nous a paru que le théâtre de Mourguet, malgré sa richesse d'invention, ses trouvailles infiniment drôles, avait besoin d'être renouvelé. Le sel de sa farce un peu grosse semble peut-être moins piquant ; Gnafron devient monotone et le Gendarme toujours rossé moins pittoresque depuis qu'il a perdu son bicorne et ses blanches buffleteries. Aussi avons-nous abandonné en grande partie la formule traditionnelle et transporté hardiment l'action guignolesque dans la vie actuelle : le cadre, les personnages, les événements, c'est elle qui nous les fournit — et en cela, nous nous rencontrons avec M. Neichthauser, Directeur du théâtre Mourguet, à Lyon, qui représente des comédies de ce genre d'un art très fin et très robuste, suivies par le grand public.

Nous avons cru devoir, aussi, augmenter la participation de l'auditoire au jeu des acteurs. Cette participation des enfants au mouvement dramatique les a toujours ravis. Nous les avons donc conviés à chanter : notre salle fredonne ou lance à pleine voix ces refrains d'un entrain irrésistible que la France entière connaît. Personne ne reste muet lorsque Guignol entonne l'air de **Mont' la d'ssus** *ou de* **Mon Paris.** *Il y a là un élément de succès que nous avons largement exploité.*

Nous avons, également, fait entrer l'actualité dans ces comédies, nous y avons introduit la couleur locale; Grands et Petits ont trouvé dans ces innovations un charme et un intérêt qui s'est renouvelé à chaque pièce.

« Mais, nous diront certains impresarios, cette couleur locale plaira aux spectateurs de la ville où se passe l'action; les allusions à tels ou tels faits locaux, piquantes pour eux, laissent les étrangers indifférents. » L'observation, juste en thèse générale, ne tient pas en ce qui concerne nos comédies : d'abord parce qu'il y a moins une couleur locale que de légères « touches » locales; en second lieu, parce que nous avons voulu provoquer la collaboration des futurs interprètes de nos pièces en leur fournissant une sorte de canevas sur lequel ils peuvent broder à volonté : il leur sera toujours possible de trouver autour d'eux, une rime pour remplacer la nôtre dans un couplet, ou un fait local à substituer au nôtre, pour conserver un trait, une péripétie de notre comédie.

Une innovation plus considérable encore nous a été en quelque sorte imposée par l'expérience. Nos pièces ont un caractère enfantin; leur comique saisissable par le tout jeune enfant est propre à l'amuser beaucoup. Mais si nous avons d'abord pensé à lui en écrivant ces pièces, nous avons aussi

songé aux parents qui l'accompagnent; nous avons voulu
réjouir ces derniers, faire sonner leur rire avec celui de leurs
petits, exciter l'un par l'autre, faire, un agréable concert de
gaîté. Le succès que ces pièces ont trouvé auprès d'un public
composé de grands et de petits prouve que nous avons pensé
juste.

Nous avons enfin voulu faciliter les conditions matérelles
de la représentation. Nous avons réduit à quatre le plus
grand nombre des personnages en scène; nous avons imaginé
des jeux de théâtre toujours réalisables à peu de frais et presque sans peine: le décor est simple; dans deux des comédies il
est unique; le costume des marionnettes est également simple
et unique.

Bref, nous avons essayé en composant et en publiant cette
première série de comédies, de rendre service à ceux qui ont
le souci de confectionner un programme de spectacle; nous
pensons que ces pièces leur offriront des numéros susceptibles
d'être improvisés en quelques heures et d'amuser les publics
les plus divers.

JEAN DELÈVES.

Zéphyrin le mauvais sujet

COMÉDIE EN TROIS ACTES

Zéphyrin le mauvais sujet

PERSONNAGES

ZÉPHYRIN, jeune garçon d'une douzaine d'années.
LA MÈRE BALTHASAR, mère de Zéphyrin.
CHICOT, marchand de peaux de lapins.
VICTOIRE, servante chez Madame Lenglumé.
SON CHIEN.
MUSTAPHA, marchand de nougat, à la foire.
LE GARDIEN des Promenades.
ARGUS, gendarme.
COLETTE, petite voisine de la mère Balthasar.

Nota. — Trois personnages au plus en scène. Deux personnes suffisent pour tenir les marionnettes.

Décor

1er et 3e Actes : Cuisine de la mère Balthasar, cuisine de
    petites gens.
2e Acte : Une sorte de carrefour, fond d'arbres.

ACTE I

SCÈNE PREMIÈRE

LA MÈRE BALTHASAR, seule, monologuant en vaquant
aux soins du ménage.

Mon doux Jésus! Pourvu que mon Zéphyrin, il soit sage!
Ah le petit malheureux. Faut qu'il coure, qu'il fasse des
farces; faut qu'il désobéisse et nous attire des misères...

mais de qui tient-il donc? Son père est un brave homme, et
moi je suis une brave femme. Il y a bien l'oncle Julot qu'est
son parrain et qui était terrible dans son jeune temps, à ce
qu'on m'a dit. Zéphyrin est tout son portrait. Hélas, faut-il!
Il m'a bien promis d'aller à l'école, d'obéir à ses maîtres et
d'être sage en tout; mais va-t-il point s'échapper pour courir à travers la ville et faire de mauvais tours au monde.
J'en ai les sangs tout tournés et je ne sais que faire dans mon
pauvre ménage. Ma soupe bouille trop vite et tout est en
l'air. Pourtant Zéphyrin a bon cœur quand il veut et il sait
m'amignonner pour éviter que je lui carillonne le derrière
avec mon balai.

(*On entend dans la rue :* **Peaux** d'lapin, peaux!
Quia d' la guenille à vendre.)

(*Traînant.*)

Les dam's d'en haut, les dam's d'en bas,
De la guenill' n'en avez-vous pas.

Quia d' la guenille à vendre.

Tiens, voilà Chicot, le marchand d'peaux d' lapin. Justement j'en ai une à lui vendre. Eh père Chicot, par ici;
entrez, j'ai votre affaire.

SCÈNE II

CHICOT, entrant.

Ah c'est vous, mère Balthasar! Vous avez une piau à me
vendre. Si c'est celle de votre gars, je vous l'achète tout de
suite, sans marchander. On en fera une peau de tambour
pour taper dessus toute la journée.

LA MÈRE BALTHASAR

Taisez-vous, méchant homme. Mon Zéphyrin est un ange,
vous entendez. S'il vous faut la piau d'une bourrique pour
un tambour, la vôtre suffit, père Chicot.

CHICOT

Vous avez la langue bien affilée pour défendre votre garnement. Seulement, vous appelez un ange le galopin qui tantôt, rue Saint-Brice, marchait derrière moi en contrefaisant
ma voix (*Imitant Zéphyrin* : Peaux d' lapin, peaux!) C'est-il
un petit Jésus, le chenapan qui m'a accroché une casserole
au derrière pendant que je pesais des chiffons chez une
cliente, un peu plus loin. Ah! si je l'avais tenu, votre gars,
qui criait quand je le menaçais d'aller chercher les gendarmes, qui criait : Chicot, Chicot, pose ta chique. Le voilà
votre ange, mère Balthasar.

LA MÈRE BALTHASAR

Mon Zéphyrin n'a point dit ni fait tout ça; il est trop
bien élevé.

CHICOT

Si, dame.

LA MÈRE BALTHASAR

Dame non.

CHICOT

Si.

LA MÈRE BALTHASAR

Non. Allez-vous-en ou je prends mon balai.

CHICOT

Mère Balthasar vous défendez votre garçon, je le comprends. N'empêche que c'est un brigand et que j'ai prévenu la gendarmerie. On vous le pendra place Châtelet — et je veux fournir la corde.

LA MÈRE BALTHASAR

Hélas, faut-il être malheureuse! Allons, houste, dehors, peaux de lapins miteux, galeux, guenillou, marchand d'puces, qui faisez de la peine au pauvre monde. *(Elle le chasse à coups de balai).*

CHICOT se sauve, puis réapparaît.

Il sera pendu, votre Zéphyrin, il tirera la langue pour de bon. Il sera pendu.

LA MÈRE BALTHASAR, se précipitant, balai levé.

Allez, sauvez-vous, méchant.

CHICOT, même jeu.

On le pendra, une belle cravate au cou — zou.

LA MÈRE BALTHASAR, même jeu.

Oh! si c'est possible.

(Chicot s'en va; dans le lointain, on entend son cri...)

LA MÈRE BALTHASAR, *se lamentant.*

Ah! s'il avait dit vrai, le Chicot maudit. Zéphyrin est bien capable de tours pareils; mais enfin, je ne peux pas laisser dire qu'on va le pendre. Et le gendarme qui est prévenu! Ah! mon gars, tu vas me payer le tourment que tu me donnes et tu iras au lit sans souper, avec une bonne tape au derrière. Ça t'apprendra à faire endéver les gens dans la rue.

SCÈNE III

VICTOIRE, elle entre, un petit fox terrier sur le bras; elle zézaie.

Madame Balthasar, si ou plaît?

LA MÈRE BALTHASAR

C'est moi, mamz'lle, pour vous servir.

VICTOIRE

C'est pas la peine de me servir, puisque c'est moi la domestique; je suis la bonne à madame Lenglumé, que vous connaisssez sans doute.

LA MÈRE BALTHASAR

Non, je ne connais pas de madame Lenrhumé.

VICTOIRE

Pas Lenrhumé. (*criant*) Lenglumé!

LA MÈRE BALTHASAR

Lenglumé, peut-être bien. C'est-il la bonne dame qui reste au coin de la rue des Vieux-Capucins?

Tout juste. Eh bien, ma maîtresse m'envoie vous dire
qu'elle n'est pas contente que votre Zéphyrin tire la sonnette toutes les fois qu'il passe devant chez nous et qu'il
« attiche » notre Médor en faisant : « kss, kss », sous la
porte...

Alors notre Médor aboie, aboie jusqu'à temps qu'il en
est englumé, non enrhumé c'est d' votre faute aussi, si je
confonds. Tantôt je suis sortie pour lui tirer les oreilles,
pas à notre chien, mais à votre gars, mais il s'est ensauvé
et de loin il a fait comme ça (*elle reproduit un geste
gavroche*) et il a chanté à plein gosier :

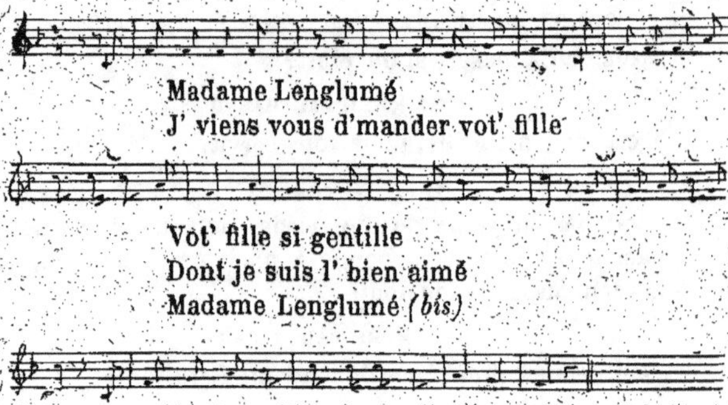

Madame Lenglumé
J' viens vous d'mander vot' fille

Vot' fille si gentille
Dont je suis l' bien aimé
Madame Lenglumé *(bis)*

J' viens vous d'mander vot' fille
Dont je suis l' bien aimé.,

Voyons. C'est-il des manières pour un gars de onze ans
qui va au catéchisme? Et faire ça à une bonne dame qui
est douce comme le bon Dieu, une dame sans rancume.

Tenez, savez-vous ce qu'elle faisait quand je suis rentrée?
Elle était comme ça derrière le rideau de la fenêtre, et pour
répondre à votre fripouillot, elle chantait tout bas :

> Foi de Veuve Lenglumé
> Tu n'auras pas ma fille.
> Ma fille aussi gentille
> N'est)pas faite pour ton nez!
> Foi de Veuve Lenglumé (*bis*)
> Ma fille aussi gentille,
> N'est pas faite pour ton nez!

N'empêche tout de même que notre pauvre Médor, ayant
attrapé une extension de voix, elle m'a dit qu'elle allait
prévenir la police.

LA MÈRE BALTHASAR

Mon Dieu, mon Dieu! Tout à l'heure c'était peau de
lapin; maintenant c'est la police...

VICTOIRE, naïvement.

Je ne sais pas si le lapin à la peau lisse, mais ce qui est
sûr, c'est que ce sera pour lui la potence à cause du potin
qu'il fait dans le quartier.

LA MÈRE BALTHASAR, éclatant.

Du potin! C'est vous qui en faites. Et pour qui, pour
quoi? pour une espèce de toutou gros comme une crotte de
bique, pour un cabot qui se met dans tous ses états parce
qu'on éternue, dans la rue, en passant... Si ce n'est pas
malheureux!

VICTOIRE, vexée.

Ne dites pas de mal de mon chien; il vaut mieux que votre Zéphyrin. Tenez, regardez-le. Y a-t-il beaucoup de monde qui ont le muséau aussi propre, qui soye aussi caressant. Viens le petit chien-chien à sa mémère, viens le trésor de mon cœur...

MÉDOR

Oua, oua, oua.

VICTOIRE, maternelle.

Quoi donc n'avait, son bijou? Avait-il bobo à sa petite têtête, à sa petite papatte?

MÉDOR

Oua, oua, oua.

VICTOIRE

N'est mignonne, sa petite bébête chérie.

MÉDOR

Oua, oua, hou... houhou...

VICTOIRE

Quoi donc? N'avez envie de faire son petit pipi? Faisez pipi chez la dame, elle veut bien.

LA MÈRE BALTHASAR, s'avançant.

Ah non, par exemple! Vous croyez que je vas laisser votre cabot faire pipi le long de ma chaise. C'est pas un chrétien tout de même, Voulez-vous le fiche dehors.

VICTOIRE, digne.

Soyez polie avec mon chien!

LA MÈRE BALTHASAR

Allez-vous-en, espèce d'embarras ! Allez-vous-en (*la con-trefaisant*) avec le chien-chien à sa mémère.

Elle les pousse dehors avec son balai, pendant que Victoire crie : « Insolente, mal élevée, etc. », et que Médor fait oua, oua !

LA MÈRE BALTHASAR, seule, désolée.

Ça ne finira donc pas ? Mon Zéphyrin a donc été changé en diable. C'est clair. Il n'est pas allé en classe. Pendant que les autres enfants sont sages et s'instruisent, lui galvaude et nous déshonore. (*Elle pleure, puis tout à coup, éclate comiquement :*) Ah le scélérat ! le sacripant, le criminel, le chenapan, le bandit, la fleur de bagne, la canaille, le, le, le rien du tout. Oh ! la rossée que je lui garde ; je veux que son derrière reste en marmelade pendant huit jours.

Il était si mignon quand il était petit : il riait lorsque je lui chantais des chansons et il tirait les brides de mon bonnet pour se les mettre dans la bouche !

C'est fini. Tu vas entendre, à cette heure, la chanson du bâton, (*ponctuant du geste*) Rrran ! Pan ! Tac ! Aïe donc ! V'lan sur les reins ! Zou sur les guibolles. Avant d'aller à la pot, à la potasse, comme disait la mémère du cabot, j'aurai la peau de son derrière.

SCÈNE IV

Depuis quelque temps, Mustapha, marchand de nougat à la foire, essayait d'entrer; effrayé par la colère de la mère Balthazar, il reculait à chaque exclamation. La mère Balthasar un peu calmée, il se risque à entrer.

MUSTAPHA, avec un fort accent arabe.

Madame Balthasar, s'il vô plaît.

LA MÈRE BALTHASAR

C'est moi. Que voulez-vous ?

MUSTAPHA

C'est môa, Moustapha, que je souis à la foire, pour vendre nougat. Et tantôt oune garçon, pitite garçon a chapardé oune gros nougat dans sa boîte pour manger lui devant le nez di môa. Travadja!

Moi, ji courir après chapardeur, mais loui passer sous voitoures et derrière boutiques. Moi attraper macache! pour enlever loui oreilles. Chercher loui pour coupir son cou, bono besef! Un m'zieu dit à môa. « Li pitit, c'est Zéphyrin, la garçon di madame Balthasar, là bas! — Et loui mezieu montrir ton maison et moi, ji venir pour dire : Chapardage et apporter gendarme ici pour coupir cou dou voleur. Couic, couic. Chouya l'arbi, chouya barka.

LA MÈRE BALTHASAR, révoltée.

Non on ne coupera pas le cou à mon Zéphyrin: il n'a pas volé de nougat, car il n'aime pas le nougat : ça lui donne la colique, le vôtre surtout. Du nougat de Mustapha!! (*s'excitant*). Vous mentez. Quand on s'appelle Mustapha, on reste chez soi, on ne va faire de la peine à une pauvre mère. Allez, dehors, Boustapha, marchand de poison.

MUSTAPHA, très digne.

Moi, ji vendre pas du poisson, mais nougat soupérieur. Payez môa. C'est deux francs cinquante — ou li gendarme viendra coupir li cou don gars.

LA MÈRE BALTHASAR

Vous payer? Tenez (*elle frappe avec son balai.*) Voilà comment je paie les gens comme vous. 1 fr., 2 fr., (*puis le bourrant dehors*) voilà vos cinquante centimes.

MUSTAPHA, s'enfuyant.

Au secours. Allah ! Allah !

LA MÈRE BALTHÁSAR, restée seule.

Tout le monde en veut à mon enfant, c'est pas Dieu possible ou il faut que mon Zéphyrin ait le diable au corps pour faire s'amener tout ce monde. Et la journée n'est pas finie : la procession peut continuer. Mais quoi donc que j'ai fait au bon Dieu pour être aussi malheureuse?

SCÈNE V

(*Justement on frappe à la porte et la mère Balthasar
va ouvrir.*)

LE GARDIEN DES PROMENADES

C'est bien ici que demeure Madame Balthazar, mère du jeune Zéphyrin?

LA MÈRE BALTHASAR, *méfiante.*

Oui, c'est ici, et que me voulez-vous?

LE GARDIEN

Je viens vous exposer le cas de votre garçon, pour ce que la municipalité que je représente ordinairement va se plaindre. Donc hier à la tombée de la nuit.

LA MÈRE BALTHASAR, *se doutant.*

Hier soir, à la tombée de la nuit, Zéphyrin était ici à manger sa soupe avant d'aller se coucher.

LE GARDIEN, *très digne.*

Je n'accuse jamais sans avoir des preuves, savez-vous. Pour lors, votre garçon a chipé le pot à colle de l'afficheur pendant qu'il s'occupait à placarder la palissade du monument. Il a barbouillé de colle tous les bancs de la promenade, si bien que ce matin, à l'aurore, on a trouvé tous les amoureux collés sur les bancs où ils étaient venus s'asseoir pour rêver aux étoiles. Et collés, bien collés, si bien qu'ils ont été obligés de sortir de leurs pantalons et de leurs jupes et qu'il a fallu leur en prêter d'autres pour qu'ils puissent rentrer chez eux. Il y a eu scandale, madame, dans le domaine confié à ma surveillance incorruptible. J'ai dressé procès-verbal, communiqué la chose au tribunal. Vous êtes responsable et vous voilà prévenue.

LA MÈRE BALTHASAR

Pisque je vous dis qu'il était chez nous à l'heure que vous dites, là, à la place où vous êtes. (*Pour marquer la place, elle donne un coup de balai au gardien.*)

LE GARDIEN

Vous oubliez que je suis un agent de l'autorité municipale. Soyez correcte.

LA MÈRE BALTHASAR

Comment dites-vous? correcte! Soyez poli, s'il vous plaît.
Je suis chez nous. Et c'est pas la peine de venir faire des
histoires avec tous les amoureux qui ont laissé le fond de
leur culotte sur les bancs de la Promenade. Si les gars
avaient été chez eux à travailler, les filles, à raccommoder
leurs nippes, ça ne leur serait pas arrivé. Allez nettoyer
vos bancs et frottez-les dur, dur comme ça. (*Elle frictionne,
ce disant, la tête du gardien avec son balai, le bonhomme
s'enfuit en criant :*)
Vous aurez de mes nouvelles !

LA MÈRE BALTHASAR

Il se prépare un malheur pour mon garnement, c'est
sûr. Je ne peux plus durer ici, tant pis pour la soupe de
mon homme. Je vais voir un peu aux alentours si j'aper-
çois le Zéphyrin. Il faut que je le retrouve.

RIDEAU

ACTE II

SCÈNE PREMIÈRE

ARGUS, gendarme arpente le carrefour.

Ah ! maître Zéphyrin, vous faites mobiliser la gendar—
merie. Je ne vous vois pas dans de beaux draps. Triple
plainte : Vous n'y allez pas de main-morte comme délits et
contraventions. Premio : Plainte du sieur Chicot, appuyée
par témoins ; outrages publics à un passant et attentat sur
sa personne, au moyen d'une casserole. Deuzio : Plainte
de dame Lenglumé avec témoin Victoire ; effraction de
sonnette ; excitation de chien à aboyer ; si le chien est
mineur, ça peut devenir grave. Troisio : Dérobation de
nougat à la boutique Mustapha. Attentat notoire subséquemment au bien privé ; circonstance aggravante, bien
privé abrité dans une baraque municipale. Tous ces faits
non nocturnes. Vous allez bien mon gaillard ; mais Argus
est là pour faire triompher la loi.

(*Méditatif*). D'après mes renseignements particuliers, le
criminel a été vu dans ces parages où il cherche un alibi
posthume. Voyons orientons-nous : Ici, au Nord, les
ombrages de Trianon ; au Sud, Barjouville, où notre garne-

ment pourrait bien taquiner les oies célèbres de ce lieu. A l'Est, à l'Ouest, le bled. Nos dispositions sont bien prises : le bandit doit passer par ici pour rentrer; il ne peut nous échapper : Attendons. Ouvrons l'œil et le bon.

(*Un temps*). Il n'est que 5 heures 1/2; le malin rentrera vers 6 heures 1/2 pour la soupe. J'ai du temps devant moi. Ouvrons l'œil et le bon, en cette solitude rustique...

(*Un autre temps*). Voilà que je m'endors. Cré nom d'un sabre, Argus, tu t'endors sur la consigne. C'est un cas de conseil de guerre. Il faut secouer ton tempérament. Que faire pour ouvrir l'œil? Remuer, marcher. C'est bien banal. Il vaudrait mieux danser. Mais oui. Si l'on danse la nuit, c'est péremptoirement pour s'empêcher de dormir. Mille millions de carabines, c'est trouvé.

Danser quoi ? Le pas des patineurs? (*Il siffle l'air et glisse quelques pas avec affectation; s'arrêtant.*) Il paraît que ce n'est plus la mode. Dansons quelques danses nouvelles. Tiens, Argus, gigote-moi un Foch-trott. (*Réfléchissant*): Non Argus, tu ne danseras pas cela; c'est pas une danse patriotique pour un militaire. Foch se trotte ! Jamais de la vie. Foch le vainqueur des Boches est un brave. Il ne s'est jamais trotté. Pas de Foch se trotte.

Qu'est-ce qu'il y a encore? Comment appelle-t-on cela, nom d'un sabre ! le one step, la java, le charleston? pour qu'on leur donne des noms latins, faut pas que cela soit convenable. Oh, mais Argus, il en est encore une, une qu'on glisse, qu'on se penche, qu'on va et qu'on vient comme si l'on marchait sur des œufs. La cavalière se cramponne comme si elle se noyait, voyons Argus, rappelle-toi : on dansait ça chez le colonel de Guêtresjaunes,

quand tu étais son planton! Tu en as pris plein la vue; ah,
c'était sympathique. (*Il fredonne* : le Tango de Rêve, *en
esquissant des pas.*) Ça s'appelle. Ah ces sacrés noms latins.
C'est pas le Congo qu'est un savon pour la physionomie.
Tant pis, je ne sais plus. Et puis ça manque de cavalière...

Si on chantait, mon vieil Argus ?

(*S'adressant aux petits oiseaux qu'il devine dans les arbres*).
Ecoutez, vous autres les oiseaux, qui êtes, sauf votre
respect, mon auditoire. Je vas vous en pousser une qui va
vous boucher un coin du bec, comme on dit dans le grand
monde. Vous ne savez faire que cui-cui et vos chansons
n'ont point de paroles. Ecoutez celle-là, mes colons, qu'est
une chanson à l'honneur des gendarmes de France.

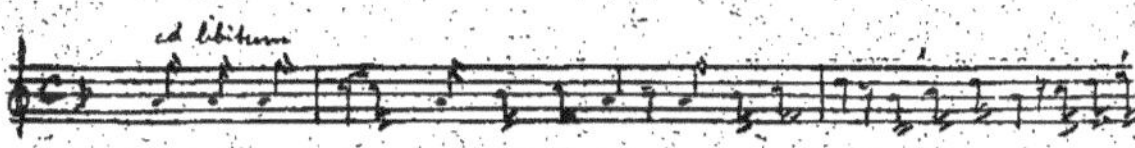

Les gendarmes sont bons enfants ;\
ils servent le gouvernement,

Dans leur triste casernement,
Où avec leurs femm's, ils s'empilent ;

Ils font la tournée des bistrots.
Pour ceux qui en prenn' un peu trop

-Et vous ramass't tous les poivrots
Qui troublent l'silenc' de la ville !

II

On les appell' des Pandor's
Pour se moquer, l'on a bien tort ;
Car si tranquill'ment l' bourgeois dort
Bien qu' des gens vous tuent et vous volent,
C'est que pendant son ronflement
Il ferme un œil-*le* seulement,
Mais ouvre l'autr' subreptic'ment
Pour coffrer ceux qui cambriolent.

III

Ils vont chercher les déserteurs,
Ils guettent les p'tits maraudeurs
Et vous secouent tous les vendeurs
Qui nous font la vie aussi chère.
Ils d'mand'nt leurs papiers aux ch'mineaux,
Exig'nt des lantern' aux vélos,
Font des procès aux m'neurs d'autos
Qui nous fich'nt les quat' fers en l'air-re.

IV

Ils veillent à la circulation,
Vous dress'nt de rud's contraventions

Aux chiens errants, à la nation
Des bohémiens, dans les roulottes.
Il n'y a pas d' plus dur métier,
C'est pas étrang' s'ils suent des pieds,
Et s'ils arrêt'nt les braconniers,
Rien qu'à faire respirer leurs bottes.

V

Ils figur'nt au quatorz' Juillet
Et leur fourniment plein d' reflets
Sur toutes les plac's, fait un effet
Qui rend jalous's les autres armes.
Leurs moustach's ont un air vainqueur,
Ils pourraient ravager les cœurs,
Mais c'est sans reproch' et sans peur
Qu'ils veul' rester, les brav' gendarmes!

SCÈNE II

ZÉPHYRIN, caché en écho.

Les brav' gendarmes.

ARGUS, sursautant.

Hein! C'est-il l'écho qui se gargarise avec ma romance?
Recommençons. (*Il chante vers l'écho :*)
              Les braves gendarmes.

ZÉPHYRIN

Les braves gendarmes, (*Hi hi, Ha, ha...*)

ARGUS

Par les cornes du diable, l'écho ajoute à ma chanson. On se fiche du représentant de la loi à la barbe de la nature. Ouvrons l'œil et le bon.

ZÉPHYRIN

Coucou, coucou. Beau gendarme, qui cherchez-vous?

ARGUS, bas.

C'est lui. C'est le délinquant. A nous deux. Rien à craindre (*se redressant*) mon centre est solide (*étendant les bras*): flanqué de deux ailes robustes. Attirons l'ennemi dans le piège stratégique, comme disait le colonel de Guêtres-jaunes.

> (*Il fait mine de s'en aller, l'air un peu ivre et oscillant*).

ARGUS, d'une voix un peu pâteuse.

C'est nous qui somm's les gardes
Municipaux

ZÉPHYRIN, criant.

Paux!

ARGUS

Nous avons des cocardes
A nos chapeaux

ZÉPHYRIN, criant.

Peaux !

> *(Zéphyrin, goguenard a suivi Argus qui se retourne*
> *tout à coup et la poursuite a commencé autour de*
> *la scène).*

ARGUS

Au nom de la Loi, arrêtez.

ZÉPHYRIN, chantant.

Il court, il court, le furet

ARGUS

Rendez-vous, au nom de la Loi.

ZÉPHYRIN

Le furet du bois, Mesdames

> *(Puis passant derrière le décor il grimpe sur un*
> *arbre, narguant le gendarme).*

ARGUS

Ah, mon gaillard, nous avons cent tours dans notre sac
et nous savons faire tomber les étourneaux sans grimper
dans les branches.

> *(Il place sa botte sous l'arbre où Zéphyrin est per-*
> *ché. La botte fume... On a glissé un bout de papier*
> *d'Arménie dans cette botte).*

3

ZÉPHYRIN, qui ne comprend pas, s'amuse et raille :
Passez, mon brave homme ; on ne donne pas,
La charité est interdite...
Adressez-vous à côté...
Le bureau de bienfaisance... rue Percheronne...

ARGUS

Moque-toi toujours, sansonnet ; tu ignores que c'est nous
qui avons donné l'idée des gaz asphyxiants. Respires-en mon
bonhomme, prends-en une prise. Mon tour va venir de rire...

(*En effet, Zéphyrin lâche prise et coule au bas de l'arbre*).

ARGUS, triomphant.

Force est restée à la Loi. (*Il saisit Zéphyrin par l'oreille
et murmure l'air de Manon :*

N'est-ce pas ma main
Qui tient ton oreille ?
N'est-ce pas ma main

ZÉPHYRIN, éploré.

Grâce, monsieur le Gendarme. Je ne le ferai plus. Grâce,
pour que maman ne sache pas. Je serai sage.

ARGUS, grosse voix.

Marchez. Obtempérez. Vous demanderez grâce au Juge,
si vous voulez ; en attendant l'échafaud est préparé.

Allons, houste ! Marchez. Obtempérez, vous dis-je. N'ag-
gravez pas votre cas par rebellion ouverte et mutinerie
qualifiée.

RIDEAU

ACTE III

Même décor qu'au premier acte.

SCÈNE PREMIÈRE

LA MÈRE BALTHASAR

Rien. Pas de Zéphyrin. A l'école, on ne l'a pas vu. Et des voisins m'ont dit que le gendarme le cherchait. Que va dire son père quand il va rentrer : il voudra lui casser les reins. Mon Dieu, encore une fois, que je vous ai-t-il donc fait pour être aussi malheureuse.

(Elle pleure appuyée à la cheminée. On frappe.)

COLETTE, entrant.

Ne pleurez pas, maman Balthasar.

LA MÈRE BALTHASAR

Tiens, c'est toi, Colette! Mais comme tu es faite, ma fille. Tu es toute mouillée; que t'est-il donc arrivé, doux Jésus!

COLETTE

Je suis tombée dans la rivière, aux Trois Ponts, en voulant rattraper mon fichu que le vent avait emporté; et je me serais noyée si Zéphyrin ne m'avait empoignée par les jupes et ne m'avait retirée. Ah le brave garçon!

LA MÈRE BALTHASAR

Tu l'as vu.

COLETTE

Oui, comme je vous vois.

LA MÈRE BALTHASAR

Mais où est-il?

COLETTE

Il s'en est allé par Barjouville, pour cueillir des champignons dans les prés.

LA MÈRE BALTHASAR

Non, ma fille; il s'est sauvé parce qu'il a deviné que le gendarme est à ses trousses. J'ai bien du chagrin, va, Colette, et ta chanson a raison quand elle dit que les garçons ne valent rien. Tiens, Colette, chante-lá, cette chanson, pour calmer ma peine. Tu es ma mignonne et ta voix est si douce qu'elle me fait comme un baume sur mon pauvre cœur.

COLETTE, chantant.

(*Vieille chanson*)

J'ai descendu dans mon jardin, *(bis)*

Pour y cueillir du romarin!
Gentil coq'licot Mesdames, gentil coq'li-

cot nouveau.

Pour y cueillir du romarin; (*bis*)
J'n'en avais pas cueilli trois brins,
Gentil coq'licot, etc...

J'n'en avais pas cueilli trois brins (*bis*)
Qu'un rossignol vint sur ma main.
Gentil coq'licot, etc...

Qu'un rossignol vint sur ma main (*bis*)
Il me dit trois mots en latin.
Gentil coq'licot, etc...

Il me dit trois mots en latin : (*bis*)
Que les hommes ne valent rien.
Gentil coq'licot, etc...

Que les hommes ne valent rien (*bis*)
Et les garçons, encor bien moins.
Gentil coq'licot, etc...

Et les garçons, encor bien moins. (*bis*)
Des dames, il ne me dit rien.
Gentil coq'licot, etc...

Des dames, il ne me dit rien (*bis*)
Mais des d'moiselles, beaucoup de bien
Gentil coq'licot, etc...

LA MÈRE BALTHASAR, soupirant,

Ah oui, les garçons ne valent rien.

COLETTE

Maman Balthasar, vous savez bien que les chansons disent les choses pour la rime. Zéphyrin est un bon garçon : C'est un frère pour moi et il ne fait pas de sottises quand je suis là. Ne le battez pas puisqu'il a sauvé votre petite Colette.

LA MÈRE BALTHASAR

C'est vrai qu'il est gentil quand tu es là. Ecoute, je n'y tiens plus. Il faut que j'aille du côté où je pense le trouver. Garde ma maison, Colette.

COLETTE, seule.

J'ai fait un gros mensonge, mais c'est un mensonge pieux, comme on dit : je ne suis pas tombée dans la rivière, mais quand j'ai vu dans le bas de Barjouville le gendarme emmener Zéphyrin, j'ai songé à me tremper dans la fontaine pour faire croire à maman Balthasar que son garçon m'avait sauvé la vie. Comme cela, ai-je pensé, elle qui m'aime tant, sera tentée de lui pardonner. Ah! les filles ont de l'imagination quand elles ont du cœur, et le rossignol n'a pas menti en disant du bien de nous. Mais Zéphyrin, qu'est-il devenu? Que va dire son père?

SCÈNE II

ARGUS, entrant avec Zéphyrin.

Où est la mère de ce garnement?

ZÉPHYRIN

Ne lui dites rien, monsieur le gendarme; par grâce, soyez bon comme le Juge; le Juge m'a pardonné.

ARGUS

Tiens, tu ne fais plus le brave. Argus t'a subjugué, péremptoirement. Tu as de la chance de t'en tirer à si bon compte.

COLETTE

Monsieur le gendarme. Laissez là mon petit camarade. Voyez, je suis toute mouillée. Il m'a sauvé la vie en me retirant de la rivière où j'étais tombée. Il est brave. En récompense, ne dites rien à sa maman.

ARGUS, solennel.

Subséquemment et nonobstant ma colère, je veux bien faire le mort. Cette petite est mignonne, et pour avoir sauvé cette jeunesse, le Zéphyrin n'est pas tout à fait un scélérat. Ah tu es déjà un poilu. Cela vaut une récompense, en effet, mille millions de sabretaches, et je m'en vais. Mais rappelle-toi que tu as juré au Juge que tu seras un as dans la Vertu.

ZÉPHYRIN, tout contrit.

Je le serai, monsieur le gendarme.

ARGUS

Je te surveillerai de loin, mon bonhomme, pour savoir si ta conduite est droite comme un i, pour savoir si tu tiens parole. Alors, c'est convenu, entendu, promis, juré. On sera sage.

ZÉPHYRIN

Oui, monsieur le gendarme.

ARGUS

Adieu, jeune sauveteur! (*Il s'en va*).

ZÉPHYRIN ET COLETTE.

Merci, monsieur le gendarme.

ZÉPHYRIN, avec élan.

Ma petite Colette, si tu viens à tomber à l'eau, pour de vrai, je te sauverai, quand je devrais y perdre la vie.

COLETTE

Tais-toi, frérot, voici maman Balthasar.

LA MÈRE BALTHASAR

Te voilà, Zéphyrin ; c'est bien toi.

ZÉPHYRIN, se jetant dans ses bras.

Pardon ma petite mamau! Je serai sage ; jamais plus tes yeux ne pleureront à cause de moi. C'est convenu, entendu, promis, juré.

> *(Ils s'embrassent très fort. La mère Balthasar prend chaque enfant par le cou et fait face au public, heureuse).*

RIDEAU

Guignol,
Chanteur ambulant

COMÉDIE EN UN ACTE

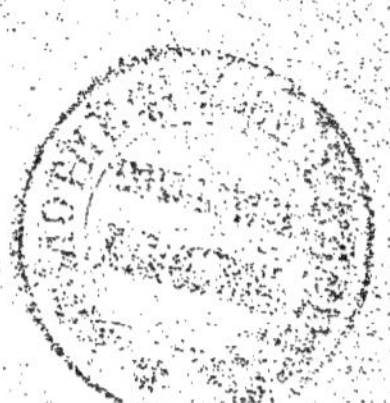

PERSONNAGES

GUIGNOL, chanteur ambulant.
BRISEFER, le gendarme.
UNE NOURRICE tenant un bébé.
UN CHAUFFEUR.
UN MERGANTI.
UNE BELLE-MÈRE.
NICOLAS, son gendre.
MASTER MONOUS, touriste américain.

Nota. — Il n'y a jamais plus de trois personnages en scène.
Deux personnes suffisent pour tenir les marionnettes.

Décor

Un paysage champêtre quelconque supposé planté sur une
place publique.

Guignol, Chanteur ambulant

Le public représente l'auditoire habituel groupé autour du chanteur;
derrière le rideau, l'orchestre invisible.

SCÈNE PREMIÈRE

(Orchestre à volonté.)

GUIGNOL, entrant, penché vers le public.

Bonjour, Mesdames, Mesdemoiselles, Messieurs: Bonjour. Je ne viens pas parmi vous pour vous vendre des
cacaouettes, des autobus ou des couvertures. Je ne viens
pas vous faire des boniments et vider vos portemonnaies.
Je sais ce qu'on doit à un auditoire tel que le mien, qui
comprend vite et bien et qui veut qu'on le traite avec fran-
chise et probité. Je veux vous vendre mes chansons; que
dis-je, vous vendre? non, vous les donner plutôt. Pourrais-
je faire autre chose pour vous, Mesdames et Messieurs? Ah!
je sais qu'un grand poète, de mes amis, a dit :

Je ne puis, ici-bas, que donner en chemin,
Ma main à qui m'appelle; à qui m'aime, ma vie!

Le veinard! Des générosités pareilles me sont défendues:
donner ma main à qui m'appelle? Ce serait l'offrir à mon
éternel ennemi, le gendarme. Et pour quoi faire? pour y
voir mettre ces gentils bracelets qu'on appelle des menot-

tes. Donner à qui m'aime ma vie? Ah non, mes chers seigneurs, car ce serait en faire cadeau à ce qui m'aima plus que tout, qui me suivit partout comme un chien fidèle, à la misère — à la purée comme aurait dit Pascal — qui serait même parfois une sombre purée si je ne lui lâchais pas dans les jambes ma gaîté insolente et mon rire...

Mais qu'ai-je dit en commençant : pas de boniments, braves gens d'ici. C'est Guignol, chantéur ambulant, que vous avez devant vous, Guignol qui balade son gazouillis (dans Guignol, il y a presque rossignol); il y a en moi une sorte d'apôtre de l'art. Hein, qu'ai-je entendu? Je me fais du lard? — Bébé, ferme le guichet! L'art n'a jamais engraissé personne, j'en suis un vivant exemple. (*Pendant ce qui suit, il se promène le long de la rampe, mais à demi tourné vers le public.*)

J'arrive en votre bonne ville avec un répertoire choisi, un orchestre parfait et des décors nouveaux qui vous donneront sur cette place banale, l'illusion d'un bois poétique et l'âme des fauvettes mélodieuses. Ils vous protégeront, ces braves décors, des courants d'air, pères des extinctions de voix. Mon répertoire. Ah mon répertoire! Je vous chanterai, suivant votre désir :

Les illusions perdues d'un cambrioleur...
Un diamant rose dans la crème Chantilly...
Le lapin de garenne, fou d'amour...
Béatitudes d'un pêcheur à la ligne, etc,, etc...

> Guignol, prends ton luth,
> Et me donne un baiser!

me souffle tout bas la muse populaire. Muse, me voici.

Nous allons commencer, Mesdames et Messieurs. Je chante,
vous chanterez avec moi. Je livre la chanson pour un franc.
C'est le prix qu'elle me coûte. On ne paie que lorsqu'on la
sait. Nous allons débuter par cette naïve romance qui
charmera bien des cœurs :

> *Tes yeux sont un firmament plein d'étoiles...*

Je ne sais pas ce que cela veut dire : mais c'est délicieux
quand même. Une nouveauté, vous n'en doutez pas, car
nos grands-pères parlaient autrement quand ils s'adres-
saient à nos dignes aïeules, au temps des cerises.

Allons la musique : (*Prélude : refrain de la chanson en
piano*).

(*On entend du bruit où domine une grosse voix :* « Faudrait
circuler — attroupement clandestin — voie publique —
sgrongneugneu — La loi est la loi... »

GUIGNOL, vers la droite.

Hein! qu'est-ce que c'est? Zut. Je parie que voilà mon
éternel ennemi, celui qui me poursuit, que j'ai confondu,
que j'ai tant de fois battu sans le détruire jamais : le Gendarme... (*A lui-même résolument :*) Allons, Guignol, tiens-
toi et sors vainqueur d'un combat dont ta gloire est le
prix. (*Il se campe résolument vers le côté d'où vient le bruit*).

SCÈNE II

LE GENDARME, faisant irruption et se plantant devant Guignol.

Vos nom, prénoms, état civil, domicile, impositions, électorat, etc., etc...

GUIGNOL, aimable.

Bonjour, Monsieur le Gendarme. Enchanté de vous recevoir. Voulez-vous avoir la bonté de me dire votre nom pour que je puisse vous présenter à mon honorable public.

LE GENDARME

Brisefer, si ça vous intéresse. Mais la présentation est inutile. Nous ne sommes pas ici dans le monde.

GUIGNOL

Pas dans le monde? Nous ne sommes pas non plus sur le marché aux veaux: Prince de l'Ordre public, veuillez respecter ces dames et ces messieurs. Voyons, vous désirez?...

LE GENDARME

Vos noms?

GUIGNOL

Guignol

LE GENDARME

Et après? (*Il écrit, en se servant de la rampe comme de bureau.*)

GUIGNOL

Guignol. Je n'ai qu'un nom. Ma mère qui était une Saint-

Honoré n'a pas exigé que son nom fût accolé à celui de mon père, et mon père était trop modeste pour vouloir qu'on l'appelât : Guignol de Saint-Honoré.

LE GENDARME

Beaucoup trop de jus, mon ami. Vos prénoms !

GUIGNOL

Pyrénée, Alpe, Hymalaïa.

LE GENDARME

Comment écrivez-vous cela ?

GUIGNOL

Comme ça se prononce : R, t, z, o, l, v, u, k, p...

LE GENDARME

Pas si vite (*il murmure, en écrivant* :) p, q, r, x, y, z. Je remettrai ça au net, tout à l'heure. D'ailleurs pourquoi avez-vous des noms comme ça ?

GUIGNOL

Il n'y a pas de noms comme ça. La Grammaire nous apprend, ô Brisefer, qu'il y a des noms propres — comme le mien — et des noms communs, comme le vôtre. En tout cas, si mon père m'a prénommé Pyrénée, Alpe, Hymalaïa, c'est qu'il a voulu apparemment que je pense à rester toujours très, très bien élevé.

LE GENDARME

C'est une idée pas bête, ça.

GUIGNOL, aimable.

Mon père vous remercie par ma voix.

LE GENDARME

Domicile?

GUIGNOL

Partout!

LE GENDARME

Dans quel département, Partout?

GUIGNOL

Dans celui que vous voudrez? Ça se trouve en Eure-et-
Loir, par exemple.

LE GENDARME

Ah!... Eh bien, mettons Eure-et-Loir. Votre âge?

GUIGNOL

Celui que je parais. Comme les jolies femmes.

LE GENDARME

Ne faites pas le malin. Je le sais à peu près. Il y a un
rapport que j'ai lu, où vous êtes signalé, un rapport de
Lyon, ville où vous avez fait parler de vous, aux environs
de 1808.

GUIGNOL, joyeux.

Merci du rapport. Me voici plus que centenaire : j'ai
encore toutes mes dents et je m'habille encore tout seul.
Vous me voyez ravi. Ah ! Brisefer, briseur de mystères, j'ai
envie de ne plus vous répondre, puisque vous savez tout.

LE GENDARME, avec un mouvemect d'orgueil.

C'est vrai ; on ne me la fait pas, à moi. Etat civil : marié,
veuf, célibataire?

GUIGNOL, minaudant.

Je ne sais si je dois vous le dire...

LE GENDARME

Pourquoi?

GUIGNOL, tourné vers le public..

Si je réponds : marié, les jolies demoiselles qui nous écoutent, perdant toute espérance de me voir demander leur main, vont me refuser leur sourire, leur sourire si joli. Si je dis veuf ou célibataire, elles vont se battre pour m'avoir. Quel grabuge, mon cher. Il vaut mieux les laisser dans l'incertitude.

LE GENDARME

C'est une idée pas bête, ça.

GUIGNOL

Merci pour moi, cette fois?

LE GENDARME

Profession?

GUIGNOL

Envoyé par le ministère de la chanson pour terminer un tas de choses en train, dans notre pauvre pays : la réforme administrative, l'Hôtel des Postes, etc...

LE GENDARME

Comprends pas...

GUIGNOL

Mais si, voyons. Vous savez bien qu'en France, tout se termine par des chansons.

LE GENDARME, admiratif.

Ça, c'est une idée pas bête.

GUIGNOL

Merci, pour le ministre.

4

LE GENDARME

Soit (*Résolument*) mais en attendant, il faut circuler, vous encombrez la place avec vos décors.

GUIGNOL, déclamant presque.

J'obtempérerai. Mais avant, je veux que l'homme intelligent, distingué, perspicace — Mesdames et Messieurs, vous avez tous reconnu, dans ce portrait fidèle, le gendarme Brisefer — je veux, dis-je, que cet homme constate, en personne, qu'il n'a pas de meilleurs collaborateurs que nous, quand il s'agit du Bien du Pays et du respect qu'on doit à la Loi.

Quand il aura respiré l'encens de la gloire que nous allons faire brûler sous ses fortes moustaches, il voudra bien nous laisser libres de chanter en ce décor charmeur. Bien mieux, il sera des nôtres, il sera le gendarme de service de la tournée Guignol. Allons-y, Mesdames et Messieurs. Chantons de tout notre cœur, la marche inédite.

L'gendarme est notre sauveur

(ORCHESTRE ET CHANT).

Air : *Le Trompette en bois.*

Il y avait une fois
Quoi, quoi, quoi!

1. Chez Salabert 35, boulevard des Capucines, Paris.

Des Apach's, des voleurs
Qui pillaient tout's nos demeur's,
Ils s' cachaient dans les bois
   Cois, cois, cois,
Et rev'naient, exigeants,
Rançonner les pauvres gens.
On tremblait dans la chaumière,
Dans la rue on avait peur,
Partout sur notr' triste terre,
On avait peur du méchant voleur

Mais un beau jour, tout rayonnant,
   Le gendarme,
   Quel vacarme!
Arrive et tombe bravemeut
Sur la bande des chenapans ;
Il les fourre au bloc, rondement,
   C'est l'sourire,
   On respire.
Ce n'est plus à nous d'avoir peur,
L'gendarme est notre sauveur !

2e Couplet

Il y avait une fois
Quoi, quoi, quoi?
   Des vélos, des autos
Qui nous passaient sur le dos.
Ils se fichaient d'la loi
   Comme d'un pois
Ils fauchaient les passants

Qui étaient pourtant innocents.
On tremblait sur la grand'route
Sur l'trottoir on avait peur
On ne savait où se fi...che
On avait peur d'l'enragé chauffeur.

Refrain

Mais un beau jour, tout rayonnant,
  Le gendarme,
   Quel vacarme !
Arrive, arrête bravement
Le bolide et le délinquant.
Il verbalis' subséquemment,
  C'est l'sourire
  On respire...
Ce n'est plus à nous d'avoir peur,
L'gendarme est notre sauveur.

Nota. — Pendant qu'il chante, Guignol entraîne son auditoire (le public) en battant la mesure, en se tournant tantôt vers la droite, tantôt vers la gauche. Le gendarme se tient sur un côté, raide, solennel, comme quelqu'un dont on prononce l'éloge.

GUIGNOL

Eh bien, Brisefer !

LE GENDARME

Ça, c'est une idée pas bête !

GUIGNOL

Merci pour nous.

LE GENDARME

Ah ! quand on comprend c mme vous, les choses, le

service, l'ordre, eh bien, on mérite d'être soutenu ; moi, je vous soutiendrai, parole de Brisefer. J'ai idée que si on chantait plus souvent des romances de ce calibre, je recevrais moins souvent des gnons sur la gueule, pardon : sur la physionomie. Aussi, je ferme l'œil sur vous ; tout en me promenant, j'ouvre l'autre sur les alentours. A tout à l'heure. (*Il sort.*)

GUIGNOL

A tout à l'heure. Vous voyez, Mesdames et Messieurs, j'ai changé de méthode en vieillissant. Vers 1808, et depuis, je rossais le gendarme et j'écoppais aussi. Aujourd'hui on s'entend pour un moment. Par exemple, j'attrape chaud.

Allons, Mesdames et Messieurs, pour la chanson :

Tes yeux sont un firmament plein d'étoiles

(*On entend un enfant qui pleure rageusement*).

GUIGNOL, au public.

Voyons, brave nounou, ce n'est pas pour écouter le concert de votre loupiot que tout ce beau monde est rassemblé. Cet enfant nous fait une concurrence déloyale avec ses fantaisies pleuratoires. Hein ? Vous dites ?... Vous voulez apprendre mes chansons... Vous reviendrez un autre jour. Quoi ? Vous dites que ce ne sera plus M. Guignol. Ah, charmeuse. Comment résister à une si flatteuse prière — et à de si beaux attraits... Nourrice, approchez. Faisons taire d'abord le clakson du moutard. (*La nourrice s'approche en dorlotant l'enfant, en le berçant à larges gestes.*)

SCÈNE III

GUIGNOL

Donnez le petit. (*Il le prend dans ses bras.*) Ah dame, il va y perdre, quant au lolo. Tout ce que je puis faire c'est de lui payer un champoreau. Mais on va le bercer en douceur et je vais prier une dame de ma troupe de lui chanter, de chanter pour lui tout seul, une berceuse qui l'endormira.

Mesdemoiselles, si vous êtes un jour, candidates au legs Cognacq, écoutez comment on apaise les nourrissons. Apprenez la chanson pour l'heureux temps où vous vous débattrez au milieu d'une douzaine de bambinochons.

(*Pendant que Guignol berce l'enfant, une voix dans la coulisse chante.*)

Les deux pigeons

Deux pigeons s'aimaient d'amour tendre;
L'un d'eux partit;

L'autre avait juré de l'attendre :
Il attendit.

Et pendant une année entière,
En se couchant,

Le soir, il disait sa prière
Pour le méchant.

2e Couplet

O mon Dieu, disait-il, protège,
Le cher amour
Garde-le du froid, de la neige
Et du Vautour!
Fais qu'il trouve, ô Père céleste,
En son exil,
Bon souper, bon gîte et le reste...
Ainsi soit-il!

GUIGNOL, il tend l'enfant.

Reprenez votre pensionnaire, belle nourrice. Comme il dort, il sourit, le petit ange. Il songe au certificat d'études ou à M. Bergson. Qu'il est heureux.

(Brusquement), Ah mais, dites donc, je sens là quelque chose de chaud. Il est si content, l'enfant, qu'il m'a laissé un souvenir en plein sur mon gilet. (Il sent.) C'en est, nou-nou, ça vous fait rigoler. Vous y êtes habituée, mais nous autres hommes, ça nous humilie toujours un peu. Vous ne pouviez pas me faire penser à mettre mon ciré, en cas d'averse. Parfaitement, c'en est. Je dirai que j'ai renversé un bock sur mon habit. Ah, nounou, il faut que vous ayez de bien jolis yeux pour que je vous pardonne cette ondée intempestive.

LA NOURRICE

Monsieur Guignol, c'est bien innocent, allez, le pipi d'un petit Jésus comme celui-là ; ça ne fait même pas passer la couleur! (*Elle s'éloigne avec le bébé*).

GUIGNOL, avec philosophie.

Ah tant mieux! mais quelle inondation. Vous devez mettre de l'eau dans votre lait, nourrice. Ce n'est pas possible, quatre poupons comme celui-là, quatre sources pareilles et on ferait flotter un transatlantique dans les plaines de la Beauce. Enfin, espérons que ça me portera bonheur!

Allons, Mesdames et Messieurs, pour la chanson nouvelle, allons-y...

Tes yeux sont un firmament plein d'étoiles...

(*Regardant son ventre mouillé*).

C'était chaud tout à l'heure. Voilà que ça refroidit. Je n'y coupe pas pour un rhume.

Allons, Mesdames et Messieurs.

Tes yeux sont un firmament plein d'étoiles :

(*Prélude. On entend en même temps une algarade*).

GUIGNOL

Hein! quoi, qu'est-ce encore? On nous en veut. Jamais concert ne fut saboté davantage. Où est Brisefer?
(Brisefer apparaît, houspillant un chauffeur qu'il pousse devant lui en le bourrant).

GUIGNOL

Tiens, le voilà; il nous amène du renfort.

SCÈNE IV

LE GENDARME

Ouf! Quelle engeance. Voici un délinquant. Avancez donc, espèce de chauffard, que je veux montrer ma prise au public de M. Guignol. Ça c'est un type qui fonce dans la foule, avec son auto, à 80 à l'heure, en pleine ville.

LE CHAUFFEUR, se démenant, insolent.

Ben quoi, la chaussée est à nous, je suppose. Vous, les piétons, vous avez les boulevards, les places, les trottoirs, les souterrains, les urinoirs, les passerelles, les refuges, les squares pour circuler et pour vous garer. Et vous n'êtes pas contents. Malheur, ça écrase nos autos, ça cale nos pneus en tombant dessous...

GUIGNOL

Au lieu de crâner, d'accuser les piétons pour égarer la justice, tu ferais mieux de les plaindre, ces martyrs de la route.

LE CHAUFFEUR

De quoi faut-il les plaindre ?

GUIGNOL

De quoi ? Je vais te le dire. Allons, tout le monde pour la chanson

Le Martyre du Piéton.

Public charmant, composé, j'en suis sûr, de piétons et de piétones, soutenez ma voix vengeresse de vos voix également indignées.

Le Martyre du Piéton

chanté par le Ministre des Travaux publics à la dernière discussion du budget.

AIR : *Alleluia du Chemineau.* Bruant.

I

Quand sur la rout', la grosse limousine,
Soulève un tourbillon de poussièr' fine,
Pour qui donc tourbillonn' cela,
C'est pour le piéton qui passe par là.
Piéton, mon frèr', c'est pour toi la poussière,
Piéton, mon frèr', c'est pour toi la poussière.

} *bis*

Attrape, avale à plein goulot,
Piéton, sur la rout', le voilà ton lot!

Nota. — Pendant la chanson, le chauffeur veut protester, mais le gendarme à son côté rabat ses gestes. A la fin il se tient coi.

II

Quand sur la rout', de ses gros pneumatiques, } *bis.*
L'auto fait gicler le flot aquatique,
Pour qui donc gicle tout cela?
C'est pour le piéton qui passe par là.
Piéton, mon frère, du jus d'la grenouillère,
Piéton, mon frère, du jus d'la grenouillère,
Ecope, essuie l'infec't flot
Piéton, sur la route, le voilà ton lot!

III

Quand sur la rout', une odeur savoureuse } *bis.*
D' pétrol' s'étend, en traînée vaporeuse
Pour qui donc traîne tout cela!
C'est pour le piéton qui passe par là.
Piéton, mon frère, l'odeur pétrolifère
Piéton, mon frère, l'odeur pétrolifère
Aspir' renifl' plein ton museau!
Piéton sur la rout', lo voilà ton lot.

IV

Quand sur la rout' la foule des autos passe } *bis.*
Dans le fossé, là seul'ment y a d'la place

Le fossé, seul refuge, héla !
C'est pour le piéton qui passe par là.
Piéton, mon frère, au fond de l'ornière,
Piéton, mon frère, au fond de l'ornière,
March', trébuch', cass' toi les os,
Piéton, sur la rout', le voilà ton lot.

V

Piéton, mon frère, si l'auto nous refuse
La bell'rout', si plus que nous elle l'use,   } *bis.*
Qui donc doit payer tout cela?
C'est le fol chauffeur qui passe par là !
Chauffeur, animal, pour la voie vicinal'
Chauffeur, animal, pour la voie vicinal'
Casque, débours' les lourds impôts ;
Pour avoir la rout', ce sera ton lot.

LE GENDARME

Bravo, Guignol. Tu lui as coupé le sifflet au chauffard. Il succombe sous le poids de l'indignation publique.

LE CHAUFFEUR, s'avançant, encombrant.

Non, je réfléchis. Quand on a goûté à la vitesse, on ne peut plus s'en passer. La vitesse, c'est la joie, c'est l'ivresse, les maisons passent, les arbres, les poteaux télégraphiques passent, les gens passent.

GUIGNOL

Et trépassent.

LE CHAUFFEUR

Qu'importe! Nous vivons une vie intense à laquelle vous ne comprenez rien, limaçons, tortues, pousse-cailloux de misère. Nous existons cent fois plus que vous. Nous rencontrons des foules pendant que vous croisez deux chats pelés ; nous traversons des cités pendant que vous faites le tour d'un reverbère. Vous êtes une moisissure, tandis que nous...

GUIGNOL, menaçant.

Est-ce qu'à force d'être trépidée, la machine aux raisonnements serait liquéfiée? Brisefer, si vous voulez lui conserver ses membres, enlevez-nous ce dingo. Nous l'abandonnons à votre justice incorruptible, une et indivisible...

LE GENDARME, très fier.

Entendu. Oust, le délinquant. Venez goûter du procès-verbal bien conditionné.

(Il sort avec le chauffeur comme il est entré, en le bourrant).

GUIGNOL

Public aimé, public patient, pardonne ces intermèdes que je n'ai pas volontairement introduits dans le programme. Allons-y de notre romance.

Tes yeux sont un firmament
plein d'étoiles

(*Orchestre en sourdine.*) Mesdames et Messieurs, c'est la chanson d'aujourd'hui, toute fraîche née, d'un esprit rare, d'un art délicat : c'est le véhicule des grandes pensées et des grands sentiments aux environs de 1927.

(*Avec affectation.*)

Musique : *Rien que vous.*

Quand je plonge en vos yeux de myope,
Le soir en vous tenant la main,
Je me sens tomber en syncope,
Car je vois tout soudain,
   Au fond de vos yeux
   La voûte des grands cieux
   Et des astres d'or,
   Tout un état-major
   De constellations,
   Y en a des légions.
   Je vois dans vos yeux,
   Mille astres radieux!

1. Ed. Francis Day, 30, rue de l'Echiquier.

GUIGNOL

Vous êtes difficiles si vous n'êtes pas ravis de cette pen-
sée robuste et virile qui s'exprime par la voix du jeune coco
amoureux ! — Au 2° couplet !

II

Mais les étoiles et les planètes
Disparaissent, ô mon mignon
Quand pour me montrer vos mirettes
Vous enl'vez votr' lorgnon :
   Au fond de vos yeux
   On n' voit plus les grands cieux !
   Ni les astres d'or,
   Ni tout l'état-major
   De constellations
   Dont y avait légion.
   Eteints, dans vos yeux
   Les astres radieux.

III

Le binocle, ma chère belle,
C'est lui le clair et pur miroir
Dans qui les astres étincellent
En nous prom'nant le soir...
   Aussi, je le veux,
   Pour y voir les grands cieux,
   Mettez votr' binocle
   Sur votre nez. Oh qu' le

Firmament est beau
Dans vos deux carreaux
Alors dans vos yeux
C'est l'infini des cieux!

GUIGNOL

La voilà la belle chanson : je la donne pour un franc. A
ce prix-là, la France gaspille son génie, Mesdames et Messieurs. Mais qu'y a-t-il encore? Quel tapage. Pas moyen de
chanter.

SCÈNE V

BRISEFER

Reouf! En voilà un autre. C'est encore un délit de vitesse,
mais d'un autre genre. Je vous présente un monsieur qui
veut s'enrichir en six mois. Course à la fortune. Ecrase à
sa façon ses contemporains. Délit caractérisé : Spéculation.
A été pris vendant à des prix basés sur la physionomie du
client. Mercanti notoire.

GUIGNOL

Laissez-moi lui dire un mot : approche ici, vilain merle.
Approche au tribunal de Guignol. Et vous, voix populaire,
soutenez la mienne au refrain. Allons-y pour

La chanson du Mercanti

Celle-là, je ne la vends pas, je la donne.

LE MERCANTI, s'élançant pour empêcher cette généreuse folie.

Idiot, va, dinde, poire; tu gâtes le négoce. Je t'en supplie laisse-moi vendre ta chanson. Tu ne sais pas y faire, maladroit. Avec moi, ta littérature te rapportera du 500 pour 100.

LE GENDARME, lui mettant la main à l'épaule.

J'entends, bougre de bougre. Tu veux corrompre un fonctionnaire, à mon visu. N'essaie pas de braver mon autorité qui n'a rien d'ambigu ni de superpétatoire, et qui saura faire respecter les règlements.

LE MERCANTI

Oh la, la, quel chichi. Et toujours des règlements ! — Moi je m'assieds dessus.

GUIGNOL

Prends garde. A la fin tu pourrais bien t'y piquer le derrière. En attendant, écoute un peu. A nous, mesdames et messieurs pour

La chanson du Mercanti

MUSIQUE : *Le cœur de ma mie* [1].

Ton cœur, mercanti,
Est petit, tout petit, petit.
Tu nous tonds, chaqu' sam'di,
Aussi nu qu'un radis !

1. Jacques Dalcrose, chez Sandoz-Jobin, 28, rue de Bondy.

5

I

Tu fausses ta balance,
Tu nous chip's sur le prix,
Si bien que ton beurr' rance
Est plus cher qu'à Paris. Ah !

Ton cœur, mercanti
    etc.

II

Tous les jours tu raugment's
Tes canards, tes poulets,
Tu gagn's du cent cinquante.
Avoue qu'ç'est gentillet. Ah !

III

Tu nous dis que la livre
Monte exagérément.
Et qu'il te faut la suivre
Pour gagner honnêtement. Ah !

IV

Mais quand la livre baisse
Nous fais-tu logiqu'ment
Diminuer la graisse
Proportionnellement? Ah

V

Tu nous prends pour des poires
Pour des oies qu'on plum' ras.
Nous n' voulons pas d'histoires
Et nous n'nous fâchons pas. Mais

Refrain pour finir

L'argent, mercanti
Est petit, tout petit, petit.
Tu l'aim's trop, mon ami,
T'y perdras l'Paradis.

*Pendant la chanson, le mercanti a pris un air
cynique, a levé les épaules.*

LE GENDARME

Eh bien, marchand truquart, vermine du pauvre monde,
te voilà exécuté. A mon tour. Suis-moi jusqu'au bureau
pour que je t'y fignole la bonne petite contravention. A
tout à l'heure Guignol. En attendant laisse-moi te dire que
tu juges comme un Père Eternel. (*Il s'en va avec le mercanti.*)

GUIGNOL

Ne me fais pas rougir, Brisefer. Mesdames et messieurs,
si cela continue, je n'aurai pas à midi, gagné l'argent de
mon déjeuner. Chantons, chantons. Je vais avoir l'honneur
de vous présenter la spirituelle java

Tourne, moulin à vent
Tourne jusqu'au vertige

qui a fait courir tout Paris et qui...

> *S'interrompant pour s'adresser avec vivacité à quel-*
> *qu'un dans le public, vers la droite ou la gauche.*

Dites donc, avez-vous fini, vous deux, de vous chamail-
ler et de nous troubler. Il y a une demi-heure que vous me
grattez.

SCÈNE VI

LE GENDRE, larmoyant.

Monsieur Guignol, c'est pas moi, c'est elle. Je veux
apprendre vos chansons, elle veut m'en empêcher.

LA BELLE-MÈRE, le suivant la main levée.

Tais-toi, fainéant, où je te flanque une gifle.

LE GENDRE

Je voudrais bien voir.

LA BELLE-MÈRE, frappant.

Tiens, la vois-tu ?

GUIGNOL

Il voit trente-six chandelles.

LE GENDRE

Au secours. C'est ma belle-mère. Voyez, elle me bat. Il y
a dix ans que ça dure. Ah si je n'aimais pas tant ma femme,
comme je l'aurais étranglée, la taupe.

GUIGNOL, se met entre les deux.

Gendre et belle-mère, hum ! voilà un cas où ma diplo-
matie pourrait bien échouer. La taupe, comme il l'appelle,
voit clair et n'a pas l'air commode.

(*S'adressant au couple belliqueux*). Voyons, n'est-il pas honteux, pour vous, gens de même famille, de vous quereller, en ce concert où règne une si parfaite harmonie. Allons, oubliez les injures et les coups. Recommencez une vie nouvelle, à laquelle je veux donner ma bénédiction.

Toi, approche Nicolas. Tu es l'homme, le fort, celui qui doit faire le premier pas. Dis des paroles gentilles à ta mémère, amollis son cœur, mouille ses yeux de tendresse.

LE GENDRE

Que dire, mais que dire. Va, j'en ai trop sur le cœur.

GUIGNOL

Je vais parler à ta place. Regarde belle-maman. Bien. Et vous, sa belle-mère, écoutez. C'est lui qui pense ce que je chante...

Nota. — *Guignol a fait placer Nicolas et sa belle-mère l'un en face de l'autre, (le public les voit de profil); un peu en arrière, entre les deux, Guignol, face au public, avec des gestes bénisseurs.*

Musique : Marquitta [1]

Bell' maman, bell' maman
Pour te voir, chaque fleur
Du jardin, s'ouvre quand tu passes
Près de l'eau, les roseaux

1. Edition Salabert, 35, boulevard des Capucines, Paris.

>Dans les bois, les oiseaux
>Sont aussi jaloux de ta grâce.
>   Pour me voir,
>   Te valoir
>Pour te plair' Bell' maman
>Vois-tu, je donnerais ma vie,
>Je serai désormais aux p'tits soins;
>   Bell' maman
>Un mouton, Bell' maman
>   C'est moi !

GUIGNOL

Vous devez sentir, belle-maman, grouiller en vous un tas de choses généreuses. Répondez à tant d'humilité.

LA BELLE-MÈRE

Je serai tout indulgence et toute miséricorde. Je réponds.

>Garnement, garnement
>Tu commenc's à me connaîtr'
>A savoir que je suis bonn' femme,
>Qu'la candeur, qu'la douceur,
>Comme des lis, blanches fleurs
>Sont vertus qui parfum'nt mon âme.
>   De te voir
>   Au devoir
>Attaché, garnement,
>Vois-tu, je suis enfin ravie
>En bon fils, viens ici et dis-moi,
>   Garnement
>« Un doux ang', bell' maman »
>   C'est toi.

GUIGNOL

Bell' maman, bell' maman
Permets-tu que j'achète
Un cigar', songe qu' c'est ma fête.

LA BELLE-MÈRE

Un cigar' ! grand noceur,
Pour avoir mal au cœur,
Pour me donner mal à la tête.

GUIGNOL

Permets-moi
Tant j'ai soif
D' boire un bock, bell' maman,
Un bock, pour calmer ma pépie

LA BELLE-MÈRE

Tu boiras, en rentrant, un p'tit coup
D' not' laitage, si t'es sage, garnement
C'est tout !

GUIGNOL, à la belle-mère.

Allez-vous en, chipie, J'use mon éloquence à vous inspirer l'esprit de Locarno. Je ne veux pas que vous demeuriez plus longtemps devant cette jeunesse qui n'oserait plus se marier dans la crainte d'être aussi mal lotie que le pauvre Nicolas. J'avais d'ailleurs prévu ce résultat.

Vous ferez s'embrasser la chèvre et la panthère
Vous réconcilierez le lion avec l'agneau;
Jamais, jamais un gendre avec sa belle-mère
Jamais ce pur martyr avec ce vrai bourreau.

LE GENDARME

Ami Guignol, tu viens de faire rimer belle-mère avec panthère. Veux-tu que je te propose une rime plus riche.

GUIGNOL

Vas-y, poète.

LE GENDARME

Si dans le cas présent, tu faisais rimer belle-mère avec dromadaire, ne serais-tu pas plus près de la vérité.

GUIGNOL

Tu as l'instinct de la justice intégrale, ô Brisefer! Mais souviens-toi qu'il y a des choses qu'on pense et qu'on ne dit jamais.

LE GENDARME

Suffit. Je la ferme par convenance.

GUIGNOL

Allons, Mesdames et Messieurs, tous pour la spirituelle java.

> Tourne, moulin à vent
> Tourne jusqu'au vertige

SCÈNE VII

L'AMÉRICAIN, s'approchant.

Stop, stop, master Guignol. Voulez-vous dire à moi, quelque chose, if you please?

GUIGNOL

Yes! Qu'y a-t-il, mylord Yankee?

L'AMÉRICAIN

Moi pas mylord Yankee. Oh no! moi master Monous, de Chicago.

GUIGNOL

Monous, master Monous, ô nom symbolique !

L'AMÉRICAIN

Yes ! Vous, english spoken ?

GUIGNOL

Et comment donc, si je parle anglais : God save the king, Time is money. Water-closet. Dominus vobiscum, yes. Mais j'aime autant, par respect pour mon auditoire, que nous parlions français. C'est aussi plus prudent. On croirait que nous conspirons contre la Société des Nations.

L'AMÉRICAIN

Yes, société des nations : bonne chose, bons dîners. Champagne pinard, yes bamboula.

Master Guignol, voilà. Je visitai cathédrale, là beauteful monument splendide. Very chic, moi, je désire acheter cathédrale, puis démolir elle, démolir doucement yes, et remolir elle.

GUIGNOL

Vous pouvez dire rebâtir sans être shoking

L'AMÉRICAIN, avec empressement.

Yes, moi je faire débâtir cathédrale, et emporter, et rebâtir elle at Chicago. Je payer France, cher, very beaucoup, la splendide monument. Acheter tout compris, cloches, sacristain, enfants de chœur et toute comme ça. A qui demander acheter la beauteful monument?

GUIGNOL, bon enfant.

Vous êtes touchant, master Monous. et vous faites grand
honneur aux Français en désirant acheter leurs cathédrales
et leurs châteaux; mais voilà, ils ne sont pas à vendre.

L'AMÉRICAIN

Because, pourquoi. J'ai acheté français tableaux, français
bijoux et je conduisais eux at Chicago, very well. Voici
belles banknotes. Moi, sénateur en America : je dire à la
America : Français chic, épatant; alors Français plus rien
devoir à le America. Yes.

GUIGNOL

Ecoutez, master Monous, écoutez le bon peuple de France
vous répondre et vous comprendrez.

Allons, Mesdames et Messieurs, tous ensemble pour la
chanson.

Mon Pays

*(Guignol au centre, face au public, actif, entraîne le
chant, auquel participent l'Américain et le gendarme.)*

MUSIQUE : *Mon Paris* [1].

Vous pensiez pouvoir, mon English,
Acheter nos antiques châteaux,

1. Ed. Francis Salabert, 35, Boulevard des Capucines, Paris

Y a pas mèch', va te fair' fiche,
Ils ont trop de branche pour Chicago!
Entre leurs murs, dort le cœur de la race,
Leur mortier fut pétri de notre sang;
Trop fiers ils crouleraient sur place,
Plutôt que d' passer l'Océan!

Refrain

Il faut connaître davantage,
    Mon pays, notre pays!
Nous avons un bel héritage
Nous le gardons : as-tu compris?
    Tu peux montrer des dollars,
    Nous offrir de l'or en barr's
Mèm' nous r'mettre tous nos milliards,
Nous gardons nos vieux joyaux
De famille, nos vieux châteaux,
    Nos cathédrales et nos vitraux.
    Il faut connaître davantage
    Mon pays, notre pays.

2ᵉ couplet

Nous vendons nos fruits, nos carottes,
Notre vaisselle et notre fricot,
Vous pouvez, avec vos banknotes
Traverser la France dans un tacot.
A vous nos vins, à vous nos grands palaces,
Les premiers rangs dans tous nos cinémas;

A vous tous nos bib'lots cocasses
Et nos actions de Panama!

Refrain...

3° couplet

Nous vous donn'rons notre sourire
Pour rien ; chez nous, ça s' fait sans façon :
Le cœur est chaud, ce qu'on en tire,
On l' donn' gracieus'ment avec la chanson.
Mais s'il le faut, pour sortir de l'ornière,
Pour mettre enfin notre budget debout,
Gardant les bijoux d'une mère,
Nous saurons tous en mettre un coup.

Refrain...

L'AMÉRICAIN

Yes, vous, un grand peuple, un grand cœur.

GUIGNOL, lui serrant la main.

Américain, grand ami, grand copain, vieille branche.

L'AMÉRICAIN

Yes, yes, hip, hip, hourrah.
(*Chantant très faux*) Allons, enfants de le Patrie.
(*Répétant*) Allons, enfants de le Patrie. Je savaie plous
le souite mais cœur pour vous. Adieu, master Guignol (*Il
s'en va*).

GUIGNOL

Au revoir, master Monous!

Que d'émotions, mesdames et messieurs, quel programme chahuté. Mais il est midi et je m'en voudrais de vous faire déjeuner en retard. Je vais plier ma tente. Au revoir, chers amis, laissez-moi vous dire combien je suis heureux, dans ce dernier couplet que la muse populaire va vous chanter.

Vous m'avez fait un bonheur véritable,

En chantant comme des rossignolets!

A vous donner, ce concert délectable!
C'est le plus grand plaisir! vraiment que Guignol ait!

RIDEAU

Guignol Aviateur

COMÉDIE EN UN ACTE

PERSONNAGES

GUIGNOL, 18 à 20 ans.
PHILIDOR, soldat aviateur au 22ᵉ A.
FLORISE, sa fiancée (ou sa sœur.)
BRINDAJONC, ami de Guignol.
PANDORE, le gendarme.
LE BARDOU, paysan.
UNE VACHE.

Nota. — Il n'y a jamais plus de quatre personnages en scéne. Deux personnes suffisent pour tenir les marionnettes.

Décor

Un bout de champ à l'orée d'un petit bois.

Guignol Aviateur

SCÈNE PREMIÈRE

Un avion posé à terre, arrêté. Tout près l'aviateur débar-
rassé de son casque et de sa combinaison jetés sur l'aile,
scrute l'horizon...

PHILIDOR

Non, rien à craindre... mon coucou est bien caché aux
yeux du camp. On a une bonne petite heure devant soi !
Florise[1], ma promise m'attend là-bas à l'entrée d'Oisème.
Courons la rejoindre.

(*Se ravisant*). Mais des fois qu'un officier en ballade pas-
serait par là et s'approcherait, curieux, de mon zoiseau qui
a l'air de brouter l'herbe comme un ruminant bon enfant.
Il faut organiser la panne, la bonne panne qui en fiche plein
la vue... De cette façon je pourrai toujours dire que je
suis allé chercher du secours au village. *A volonté :*

Du secours ! Je pourrai d'ailleurs le dire sans mentir :
N'est-il pas vrai que ma Florise est un secours précieux
pour le bel aviateur que je suis. N'est-ce pas elle qui
m'aide à supporter « l'ennui régimentaire » comme dit
mon cabot qui a des lettres, ce noir cafard du poilu. Bah !

1. Variante : Florise, ma petite sœur m'attend là-bas à l'entree
d'Oisème ; on ira chez papa et maman casser la croûte et boire un
café bien tassé... C'est commode d'avoir la famille tout près...

encore 74 demain matin et je suis de la classe ! de la grande fuite...

Mais voici que je jase et perds mon temps ; immobilisons la cage à poules, fichons-lui la panne bienheureuse... (*Tout en s'occupant, il chante...*)

AIR : Refrain de la *Java*[1]

L'aéroplane
S'met en panne
De trent'-six façons :
On bloqu' l'hélice
Sans qu'on glisse
Un veau sous l'piston !
Mais si l'on est
Un as systèm' D,
Le carburateur
Offre plus d'chance :
On arrêt' l'essence
Dans l' petit gicleur ;
On prend un ch'veu,
C'est un jeu
De l'coller dans l' trou ;
Pann' de bougie
Réussit

1. Musique de Maurice Yvain. Ed. Salabert, 35, boulevard des Capucines, Paris.

> A caler l' coucou :
> Un coup d' crayon
> Fait boire un bouillon
> Au courant perdu ;
> L'avion tranquille,
> On se tire des quilles.
> Ni vu, ni connu.

(Ressortant de sous l'avion.)

Ça y est. Je suis paré. Un cheveu dans le carburateur ; ça fait éternuer le moteur qui s'arrête au bout de sa quinte de toux. Adieu, mon zoizeau ! Je reviens dans un instant. T'embête pas ; fais un somme en m'attendant.

En se retournant, il se trouve face à face avec Florise.

SCÈNE II

PHILIDOR

Ah ! c'est toi, mabelle amie[1].

(Embrassade joyeuse en plusieurs temps.) Comment se fait-il que tu sois venue jusqu'ici ! tu t'ennuyais, je parie, à m'attendre sur la route...

FLORISE

Oui, il me tardait de te voir, et puis surtout de te voir en vrai aviateur, mais j'arrive trop tard. Vois-tu, comme tu es habillé en ce moment, tu es gentil avec ton petit calot

---

1, Variante : Ma petite sœur.

posé sur l'oreille, avec ta vareuse bleu horizon qui me fait
voir, qui me fait voir tout en rose. — Mais sous cet uniforme, tu ressembles à tous les fantassins miteux. Tandis
que lorsque tu as ton casque et ta grande combinaison, tu
es bien plus capiteux. Alors tu fais trembler mon cœur, tu
me fais penser un peu aux ours de Zoo Circus que nous
sommes allés voir ensemble. Ah! quand tu étends les bras
pour m'embrasser, tu me donnes le frisson de la petite
mort; j'ai envie de crier au secours! C'est délicieux, mon
Philidor! Et puis ton casque, ton casque rabattu, ça te
donne, une allure, un chic. Ah!... tu me rappelles Napoléon
quand il tapait sur les Anglais à Bouvines...

PHILIDOR

Hum... Hum! Napoléon à Bouvines; sais-tu, naïve
enfant, que tu dois confondre avec Philippe-Auguste.

FLORISE

Philippe-Auguste, peut-être bien! Napoléon ou Philippe-
Auguste, c'est tout un pour[1] des amoureux comme nous.
Ce n'est pas eux qui doivent nous marier. En tout cas, j'ai
vu dans mon livre d'histoire, Philippe-Auguste avec une
combinaison en fer, et avec un casque où il y a deux trous
sombres. J'aurais voulu te voir en aviateur comme Philippe-Auguste...

PHILIDOR

Ce citoyen-là n'était pas aviateur; c'était un seigneur
chevalier et il s'occupait de royauté...

1. Variante : Des enfants comme nous.

FLORISE

Comme tu es savant, mon Philidor !

PHILIDOR

... Habitude de voir les choses de haut; nous autres, nous dominons tout...

FLORISE

C'est vrai. T'es dégourdi comme pas un. Maman me le faisait remarquer, l'autre jour : elle me disait : Florise, écoute ton[1] Philidor qui gaze là-haut... Il ne fait pas ronronner son moteur comme les autres. Si je ne distinguais pas le numéro de son avion, je le reconnaîtrais parmi cent de ses camarades; son ronron est plus délicat, plus nuancé, plus élégant qu'aucun autre; il a quelque chose d'aristocratique. Tu es[2] bien heureuse, ma fille. Ah oui[3], je suis heureuse, mon Philidor. Ecoute...

AIR ; *Auprès de ma Blonde* (ancienne chanson.)

I

Quand tu vol's dans les nuages, } *bis*
Philidor, mon ami,
Mon cœur s'arrête, écoute
Là haut le léger bruit.

1. Notre.
2. Je suis.
3. Variante : Et moi aussi, petit frère, je suis bien heureuse... Ecoute.

Refrain :

Pour moi, jeune blonde,
Ton ronron, ronron, ronron
Pour moi jeune blonde,
Ton ronron m' séduit.

II

Comme un' machine à battre
Il ronfle et assourdit;
Sur l'aile du vent qui passe,
Parfois il s'assoupit.

Pour moi, jeune blonde
etc.

III

Il berce ma tendresse,
Comm' mon petit chat gris
Quand il vient en sourdine
Ronronner sur mon lit.

Pour moi, jeune blonde,
etc.

IV

Comme un frelon rapide,
Tu planes ou tu bondis;

Ton ronflement sonore
Fait trembler notre abri.

Pour moi, etc.

V

Aviateur de mon âme
Philidor, je te l'dis,
A tous les chants du monde
J'préfer' l'ronron joli

Pour moi, etc.

VI

J' préfer' la chanson forte
De ton coucou hardi,
Au chant de l'alouette
Au chant du colibri.

Pour moi, etc.

PHILIDOR

Amour, Amour[1]! Comme tu sais dire les choses!

FLORISE

Ecoute encore. Pour te faire plaisir et te faire bien voir
de tes camarades, je t'apporte quelque chose... Devine ce
que c'est...

PHILIDOR

Sais pas. Dis.

1. Variante : tendresse fraternelle.

FLORISE, lui mettant un paquet sous le nez en riant.

Tu ne devines pas?

PHILIDOR, qui l'a regardée attentivement.

Tes cheveux!... tu t'es coupé les cheveux, misérable!...

FLORISE

Oui. D'abord c'est la mode. Puis j'ai voulu vous en faire cadeau; je suis patriote. J'ai voulu vous donner de quoi panner les carburateurs de tout le régiment. Ça vous portera bonheur. Vous attacherez, avec, tous vos fétiches, vos ratintins aux carlingues. C'est poétique, pas vrai?

PHILIDOR

Tu es gentille (*à volonté : sœurette*) d'avoir pensé à nous. Voilà qui économisera nos chevelures.

(A ce moment on entend au zénith un bruit de moteur; ils écoutent en regardant en l'air.)

FLORISE

Philidor, on nous survole avec une insistance inquiétante.

PHILIDOR

Ne t'en fais pas. C'est le camarade Cassecou qui, de là-haut, fait le guet et protège nos amours[1]. Il surveille la contrée et nous prévient quand un danger nous menace. Ah! nous sommes bien organisés. Voici qu'il nous lance un message, le brave cœur, par sans-fil.

(Un papier lesté tombe à leurs pieds : Philidor lisant)

1. Escapades.

Joie, bonheur, santé,
Calme, sécurité.
Du haut du ciel je veille
Sur tes amours [1]
Tu paieras une bouteille
A ton retour

FLORISE

Quelle belle jeunesse vous faites ! et comme la France est bien défendue. Allons, Philidor.

Faire un tour au bois
Tandis que le loup y est pas ! [2]

(*Ils sortent par la gauche.*)

SCÈNE III

GUIGNOL, s'avançant par la droite.

Chic ! il s'est tiré, l'aviateur. Il en a assez de tourner autour de nos clochers par Champhol, Lèves, Mainvilliers, Lucé et le Coudray. Il sait par cœur le pays : il préfère se mirer dans les yeux de sa Florise [3]. J'ai tout vu, tout entendu. Voilà une occasion merveilleuse de t'envoler à ton tour, mon vieux Guignol, de dominer tes contemporains de là-

1. Variante : sur les alentours.
2. Variante : Petit frère rentrons à la maison où papa et maman nous attendent pour déjeuner.
3. Variante : il préfère s'offrir un bon déjeuner chez papa et maman.

haut après avoir si longtemps entendu les autres ronronner au-dessus de ton crâne... Montons cette machine de
guerre, faisons un peu de tourisme. Le frère m'a laissé ses
nippes, une combinaison qui m'ira à ravir, un casque qui
me donnera un petit air d'explorateur. Hourrah! à nous les
prodigieux records, les raids fameux et ma frimousse
héroïqne dans les journaux.

Cachons-nous derrière ces arbres pour revêtir ces habits
belliqueux; la pudeur nous le commande.

(Il disparaît un instant; on l'entend qui chante :)

Air *des Conspirateurs : La fille de Madame Angot.*

Quand on aspire
Au vol et que sans peur
On peut se dire
   Aviateur,
Pour tout le monde
Il faut avoir
Combine blonde
Et casque noir.

*(Chanter la reprise sur ces paroles, comme dans
l'opérette.)*
*(Pendant qu'il chante ainsi, on a pu travestir Gui-
gnol, l'habiller du casque noir des aviateurs (en
laine) et de la combinaison jaune kaki.)*
*(Guignol réapparaît casqué et en combinaison, se
dresse face au public et fait le salut militaire.)*

GUIGNOL

Me voici paré à mon tour. Guignol, le sort en est jeté:
J'emprunte cet avion abandonné. Je vais laisser un reçu :
ma conscience sera tranquille.

Mais il s'agit de mettre ça en marche. D'abord dépannons
l'outil, enlevons le cheveu du carburateur.

(Il retire triomphant quelque chose qui ressemble à un
poil de porc-épic.)

GUIGNOL

Ah vieux frère, j'ai surpris, en t'écoutant, le secret des
pannes volontaires. (*Considérant le cheveu.*) Pour un cheveu
c'en est un. Il a du travail celui qui passe à la tondeuse le
poilu pourvu d'un pareil système pileux, il doit faire attention à ses doigts quand il lui donne une friction à l'eau de
Cologne.

Allons, mettons la machine en route... (*Il tourne autour,*
embarrassé et entre les dents :)

Sacré coucou, sacré zoiseau, comment est-ce que ça se
goupille pour l'envol dans l'espace. Faut pourtant que tu
démarres. Si seulement j'avais quelqu'un pour me pousser
au derrière... (*Il regarde autour de lui*) Veine, veine, voilà
mon copain Brindajonc. Ohé, Brindajonc; Amène-toi par
ici en vitesse. C'est l'ami Guignol qui t'appelle...

SCÈNE IV

BRINDAJONC

Guignol, c'est toi? et que fais-tu là, déguisé en aviateur?

GUIGNOL

Déguisé? Non. Tu n'y penses pas. Tu veux dire équipé.
Oui, mon ami, équipé par les soins de l'Etat français qui a
reconnu ma valeur, qui m'a confié cet avion et fourni cet
élégant costume et qui m'a dit : « Guignol, va, vole et fais
resplendir dans l'azur les trois couleurs de mes cocardes... »

BRINDAJONC

Dis donc, tu charries pas un peu?

GUIGNOL

Non. Sache, Brindajonc, que par ce temps de vie chère et
la crise que nous traversons, les compétences doivent être
utilisées, toutes les forces mises en activité pour que le
Progrès garde son allure. Je sers le Progrès, je t'emmène,
je t'emporte vers des horizons insoupçonnés.

BRINDAJONC

Tu parles comme un président de distribution des prix.
Et où veux-tu m'emmener avec ta cage à poules, mon vieux
Guignol?

> *(Guignol chante; au refrain, tous deux marchent au
> pas l'un derrière l'autre, devant la rampe, de
> gauche à droite, de droite à gauche, par demi-tour)*

Air de : *Mont' là d'ssus*[1].

Quand on a de l'audace,
Quand on est homm' de cœur,
Faut pas rester en place
Et croupir, sans honneur.
Il faut l'envol superbe
Et nager dans l'azur.
Laissons la bête à l'herbe,
A son plancher plus sûr.
Brindajonc, l'heure sonne
De conquérir les cieux,
Décrochons la couronne
Promise aux gars audacieux.

(Refrain)

Mont' là d'ssus,
Mont' là d'ssus,
Mont' là d'ssus,
Et tu verras Montmartre
Et sois bien convaincu
Qu' tu verras sûr'ment quequ' chos' de plus.
De là-haut
S'il fait beau
Tu verras de Paris jusqu'à Chartres,
Si tu n' l'as pas vu,
T'as qu'à monter là d'ssus,
Tu verras Montmartre.

1. Musique de Borel Clerc, chez l'auteur, 18, passage de l'Industrie, Paris.

Survolons la Villette,
Saint-Piat et Maintenon ;
Nous ras'rons par risette
L'épaul' de Gallardon.
Et même on f'ra la nique
Au dessus d' Rambouillet
Au chef d' la République
En son château douillet.
Sur tout' les antiquailles
Et sur les Trianons
Nous jett'rons sur Versailles
Notre carte avec nos noms !

On virera sur l'aile,
On fera du vol plané ;
Au looping, l'hirondelle,
Jalouse, fera un nez !
Du bateau, par mer forte
On imit'ra l' roulis,
On piqu'ra en feuille morte,
On f'ra cabrer l'outil
On descendra en vrille
On pass'ra sous les Ponts
On s' pos'ra sur la grille
Devant le Palais-Bourbon.

SCÈNE V

LE GENDARME

Bravo, bravo, jeunes lascars. (*A Guignol*) Pardon de cette familiarité que je qualifierais de peu protocolaire si vous n'étiez pas un frère dans l'état militaire, frère par l'uniforme, frère par la fonction.

GUIGNOL

Par la fonction? comprends pas, maréchaussée de mon cœur.

LE GENDARME

Mais oui. Voyons. Est-ce que tous deux nous ne nous occupons pas des vols (*Il rit*) vous dans l'atmosphère, moi sur la terre? (*Il rit*) Quand j'en ai marre, vous vous démarrez; quand vous décollez, moi je colle. (*Il rit*) J'en ai de l'esprit. Dans ma gendarmerie, tous les gendarmes rient...

Mais dites-donc qu'est-ce que vous fichez devant votre biplan? serait-ce une panne, un accident? Y a-t-il violation du code de la route. Ai-je à verbaliser? Parlez.

(*A Brindajonc*). Et vous, le civil, êtes-vous le passager de monsieur? Seriez-vous un simple passant? Avez-vous des papiers qui vous donnent le droit de considérer d'aussi près cette machine de guerre?

GUIGNOL

Pardon, monsieur le gendarme, — Pandore, — si je me souviens?

LE GENDARME

Pandore, parfaitement, — serviteur de la Loi.

GUIGNOL

Eh bien, vous me voyez dans l'embarras. Je viens de
fournir une course éreintante pour mon zoiseau et je le laisse
souffler, mais je remonte à l'instant, car (*confidentiellement*)
il me tarde de dévorer l'espace. Je suis chargé (*montrant
Bindajonc*) et monsieur m'accompagne, d'une importante
mission auprès du gouvernement. Mission secrète que je
vous dévoilerai à vous, ami Pandore, qui m'inspirez une
confiance absolue.

LE GENDARME, fièrement.

Parlez sans crainte, je serai muet comme le tombeau.

GUIGNOL

Je suis un as du 22e. J'ai voulu battre les records d'alti-
tude, grimper, grimper tout là haut, plus haut que la
région des rêves... Je me suis égaré dans les nuages, j'ai
perdu de vue la planète, la nôtre, et soudain j'ai aperçu la
lune qui me souriait, accueillante. Pour attendre le jour,
j'ai piqué droit sur elle et j'ai aluni.

LE GENDARME

Vous avez aluni, que dites-vous ?

GUIGNOL

Oui, j'ai aluni. On atterrit sur la terre. On alunit sur la
lune. Donc, mon avion s'est posé en un lieu fantastique,
désert, silencieux, sur un champ d'or. C'est cet or qui

donne à l'astre des nuits cette clarté si douce. J'ai appelé.
Personne n'a répondu. J'ai pensé à mon pays, j'ai planté
le drapeau tricolore en ce lieu et je vais en informer le
gouvernement...

Finie la panne des finances, abolie la vie chère, dénouée
la ceinture dont chaque jour nous serrions un cran. Voilà
nos ministres en repos, votre solde augmentée, brave
Pandore.

LE GENDARME

Dans Pandore, il y a or. (*Il rit.*) Et vous, héros, quelle
sera votre part ?

GUIGNOL, solennel.

La Gloire... et c'est assez.

BRINDAJONC

Moi j'aurais dit : la Gloire... et cœtera.

GUIGNOL

Air de : *Ose Anna.*

J'ai planté, oui Pandore,
Notre drapeau tricolore
Sur des monts silencieux
Remplis de métaux précieux !
Ça s'passe dans la Lune,
Où l'on fait fortune
Quand par la nuit brune,
L'avion prend un suprême essor !
Ça reluit ; c'est plein d'or,
Gros comm' Chartr's et plus encor,
J'en ai mis plein l' coucou,

Suis r'descendu d'un seul coup.
On ref'ra le trajet,
Pour boucler l' budget,
Pour permettre à l'Etat,
D' vend' 10 sous l' paquet d' tabac !

LE GENDARME

La lune, colonie française, et quelle colonie !

GUIGNOL.

Les écoliers vont hurler : un pays de plus à étudier. Tant pis. Mais assez bavardé. L'avion a soufflé suffisamment. Pour l'envol, garde à vous ? Un coup de main, Pandore !

SCÈNE VI

LE BARDOU, survenant.

C'est-il pour le faire pousser que vous êtes là toute une bande à trapigner mon blé. J'en avons assez de vos sacrées machines : elles font peur à nos chevaux parce qu'ils craient que c'est des grosses mouches qui viennent les piquer. Et nos vaches, dans les champs, attrapent le torticolis à les regarder passer en l'air. Et par dessus le marché, voilà que vous piétinez la récolte, que vous tracez à vau ça comme si y n'y avait point de routes pour vos élucubrations !

GUIGNOL, railleur.

Elucubrations, jeune innocent ! Vous diriez évolutions

que ça irait à peu près. Employez le mot propre ou je le dirai à votre maître d'Ecole qui vous donnera le fouet.

LE BARDOU

Que faut-il qu'un homme de mon âge entende, sacré bonsouer. Je n'emploie jamais de mots dégoûtants, comme vous dites. C'est vous qu'êtes un malpropre, espèce de ronronneux, de zigoto qui vous baladez là haut pour salir tous nos nuages avec votre fumée qui empeste...

Et vous, gendarme, faites-vous votre devoir à supporter ça, qu'on aille hacher et massacrer mon blé. Quoi donc que vous mangerez si vous laissez faire...

LE GENDARME

Je vous ferai remarquer d'abord que nous sommes ici sur de l'avoine.

GUIGNOL

Alors, c'est pas étonnant s'il se fâche, c'est lui qui la mange.

LE BARDOU, exaspéré.

Allez vous core dire que je sais un bestiau à manger de l'avoine. Tenez, j' vas me plaindre à votre colonel et lui demander des dommages intérêts.

GUIGNOL

Attendez, derrière terreux, je vais vous payer *illico*. (*Il lui donne des coups de bâton et le paysan s'en va en gémissant.*)

Air : Refrain de *J'en ai marre*[1]

Toujours au turbin
Dès l' plus grand matin,
Moi j'en ai marre ;
Se donner du mal
Comme un animal,
Moi j'en ai marre.
Remuer la terre
Et s'taire,
Y a rien
Qui me fiche en rogne,
Besogne
De chien,

Recevoir des beignes
Sans que l'on me plaigne,
Moi j'en ai marre,
Voir un galvaudeux
M'app' ler c... terreux,
Moi j'en ai marre.
C'est ça la justice
Eh bien, je vous l' déclare
Sans être socialo,

1. Musique : Maurice Yvain, chez Salabert, 35, boulevard des
Capucines, Paris.

C'est pas rigolo,
Et moi j'en ai marre.

LE GENDAAME

Rossé et pas content. On disait ça du gendarme, autre-
fois ; aujourd'hui c'est le tour du bardou.

GUIGNOL

A-t-on idée, aussi, de venir tracasser de braves gens
comme nous, de se mettre en travers d'une mission
patriotique.

SCÈNE VII

*(Depuis un instant une vache s'est approchée, curieuse, de
l'appareil, elle tourne autour, s'y frotte l'échine, broute les
ailes...)*

GUIGNOL

Ah bien, c'est le comble ! voilà un ruminant qui vient
nous écornifler maintenant. Où allons-nous...

LA VACHE, puissamment.

Man.

*Guignol va au-devant de l'animal en faisant : Brrr, pour le
chasser, mais la vache s'avance tranquillement sur lui. Guignol se cache derrière le gendarme. Brindajonc disparaît*

GUIGNOL

Arrêtez-la. Verbalisez gendarme. Elle trouble l'ordre
public, menace des citoyens en mission, se fiche de
l'armée...

LA VACHE, plantée devant le groupe.

Man.

LE GENDARME

Vos noms? Vos prénoms? Lieu de naissance ? Sacrebleu, vous ne voulez pas répondre ? Vous vous obstinez dans un silence cynique. C'est la double contravention.

GUIGNOL

Prenez votre revolver. Elle aura peur.

LE GENDARME

Je n'en ai point.

GUIGNOL

Mais si, là, dans votre étui...

LE GENDARME

Là dedans? Je n'ai que ma pipe et un cure-dent.

GUIGNOL

Nous sommes fichus.

LE GENDARME

Que non. Force restera à la Loi.

Vache, bas les cornes. Vous causez, en public, un désordre tel que je n'hésite pas à le qualifier de nocturne. Vous tombez sous le coup de l'article 12 de la loi du 15 juillet 1887. Vous n'y coupez pas de 8 jours de prison. Vache, avez-vous compris ?

LA VACHE, placide les considérant.

Man !

LE GENDARME

Troisième et dernière sommation : Vache réfléchissez.

(Le gendarme chante mais la vache lui coupe la parole pour lui fournir toutes les rimes en ment.)

Air. Refrain de : *La Belotte*[1]

As-tu fini, saperlote,
Ton boni—Man
J'vais t' coffrer, ma bell' cocote
Tout simple—Man
Il faut circuler, ma chère,
Et rentrer ton beugle—Man.
Quand on est un' vach' laitière,
Il n'est pas décent
D' monter c't instru--Man.
Tu te fich' de ma figure,
Ma gross' ma—Man
Je suis d'la magistrature
L' gouverne—Man
Compt' sur moi pour mettre un terme,
A ton jeu subséquem'—Man
C'est pourquoi je te dis ferme
Ferme-la et vive—Man!

GUIGNOL

Inconscience ou Perversité. Gendarme, elle nous brave.

LE GENDARME

Elle ne nous bravera pas longtemps : tant pis pour elle.

1. Musique de Maurice Yvain, chez Salabert, 35, boulevard des Capucines, Paris.

J'ai déjà employé un moyen silencieux, décisif, qui ne
laisse point de traces sanglantes comme il est lors des exé-
cutions brutales. A nous deux, mammifère rebelle (*Il tire
sa botte, la met sous le mufle de la vache qui titube et
s'effondre.*)

LE GENDARME

La nature a pourvu les gendarmes de moyens à la fois
offensifs et défensifs puissants. Je viens de mettre les
miens au service de la Loi et la Loi a vaincu. Malfaiteurs,
tremblez.

GUIGNOL, pensif.

Ça a dû lui faire tourner le lait. Mais dites-moi, il est
grand temps de décoller, nous allons avoir, tout à l'heure,
sur le dos, les gens de ce pays ; le paysan que vous avez
rossé, le troupeau que vous avez asphyxié, tout cela va
faire un tapage de tous les diables. Et ma mission? Vite en
route. Où est Brindajonc? Parti? Je vous emmène à sa
place.

LE GENDARME

En route pour l'azur.

GUIGNOL

Je vais faire venir l'essence. Vous, attention aux com-
mandements. Braquez vers le Nord-Est. Vérifiez le train
d'atterrissage. Astiquez les tendeurs. Un tour aux boulons
de la carlingue. De l'huile au gouvernail. Ramenez l'alti-
mètre à zéro. Rattachez Nénette et Ratintin.

(*Le gendarme se démène, absurde, donne un coup ici,
pousse là, époussette les ailes, fait : « Han, allons-y... sans
faire rien d'utile.*)

SCÈNE VIII

PHILIDOR, en scène depuis un instant.

Ne vous gênez pas ! Faites comme chez vous. Ah ça, prenez-vous mon aéro pour une roulotte de nomade qu'on mène à la fourrière. Voulez-vous bien lâcher mon zoiseau qui va vous crotter dans les mains.

LE GENDARME

A qui parlez-vous, militaire ?

PHILIDOR

Mais à vous tous les deux, espèce de bleus. A-t-on idée de gourdes pareilles qui prennent un beau Farman pour un tombereau. Voulez-vous que je vous fasse passer en conseil et tâter de Biribi...

GUIGNOL

De quoi se mêle-t-il, celui-là. Il a bu ou bien, il dort encore. C'est un somnambule. Il nous prend pour des vagabonds de bas étage.

(*L'aviateur tiraille Pandore d'un côté, Guignol de l'autre.*)

PHILIDOR

L'avion m'appartient, vous entendez !

GUIGNOL

Pas vrai, il est à moi.

PHILIDOR

Tais-toi, chapardeur, trimardeur, cambrioleur d'avion,
aviateur d'occasion.

GUIGNOL

Gendarme, je vais l'étriper.

LE GENDARME, *résolument.*

Messieurs, il faut s'expliquer.

(*Brindajonc réapparaît : Il juge la situation mau-
vaise pour son ami.*)

BRINDAJONC

Eh là bas ! 22. Voilà le colon du 22. Sauve qui peut (*il
s'éclipse.*)

PHILIDOR

Sale histoire. J'y suis pour 15 jours de grosse boîte.
Tirons-nous des flûtes, je reviendrai tout à l'heure.

LE GENDARME

Chacun son ressort. Laissons le colonel instrumenter
dans son domaine. Voilà une affaire de vol où je me déclare incompétent. Bonsoir la compagnie... (*Il s'en va.*)

GUIGNOL

Brindajonc a menti pour me délivrer, mais me voici seul
et Guignol comme devant. Mon passager disparu, je re-
nonce à visiter les nuages. Adieu jolie plaine d'où je faillis
prendre mon essor. Adieu, casque et combinaison qui font
rêver les Florises. Moi aussi je m'en vais, mais en joyeux
compagnon, riche d'espoir et d'invincible gaîté.

(*Il reste rêveur au centre de la scène, cependant que, dans la coulisse, une voix aérienne, teintée d'un grain de mélancolie, chante :)*

avec beaucoup d'expression.

Air : fragment de : *Nuit du Chine.*

Pauvre Guignol, ton beau rêve
Est envolé ;
L'aventure s'achève ;
Mais ton cœur n'en est point désolé
Et ton rire est encor sur ta lèvre.
Si ton zoiseau pour l'envol se refuse
Tu l'oublieras demain.
Ton fol esprit s'amuse
En éternel gamin !

RIDEAU.

Achevé d'imprimer

pour la

LIBRAIRIE THÉATRALE

3, rue de Marivaux, Paris

par

J. DARDAILLON

47, Boulevard Jules-Guesde

à Saint-Denis

le 19 Mars 1928